京都のおばあちゃんたちに聞いた100年後にも残したいふるさとレシピ100

大和書房編集部・編

大和書房

はじめに

「千年の都」として日本の文化を発信し続けている京都市のほか、自然豊かな山間の集落や日本海に面した港町も。京都府各地でさまざまな食材が栽培され、それぞれの食文化が受け継がれてきました。祭りのときにいつも食べるもの、季節ごとの食材のおいしさを堪能するもの、家族のお祝いの席に欠かせないもの。そんな料理を各地のおばあちゃんたちに教えてもらいました。昔ながらの伝統の味を守るおばあちゃんもおられれば、自分流にアレンジしたり、簡単にできるように工夫して、より親しみやすい料理に進化させたおばあちゃんも。共通していたのは、地域の味を知ってほしい、受け継いでほしいという想い。京都の方も、京都以外の方も、多彩な京都府のおばあちゃんの味をご自宅で作ってみませんか。なかには京都でないと手に入りにくい食材もあるかもしれません。そこはぜひ、地元の食材に置き換えてトライしてみてください。それでもきっと京都のおばあちゃんは喜んでくれると思います。

クロモジもち

とり貝ずし

ゆず大根

せり

れんこんのおすもじ

こんにゃく

ふつうの日も特別な日もそばにある
ふるさとごはんの魅力

舞鶴のごはん

なすを炒める

れんこんまんじゅう

もくじ

1章 京都市
―右京区／北区―

2章 山城
―宇治市／京田辺市・綴喜郡―

5章 丹後
―京丹後市―

この本の決まり

- 計量カップは200cc、計量スプーン大さじ1は15cc、小さじ5ccを基準としています。
- 地域によって食材1つの大きさにばらつきがあるものもあります(京都市の油揚げは25～30cmと、大きいものは一般的なものの約2倍です)。その場合は京都でよく販売されているものの大きさを基準とし、できる限りそのほかの地域の目安も記載しました。
- 手軽に作ることができるように、○/○個など、材料は目安となる分量で記載しましたが、わかりづらいもの、量が味にかかわるものについては、グラム数も併記しています。
- お使いの道具や調味料などにより加熱の具合や味に差が出る場合があります。様子を見ながらお好みで調節してください。

1章

京都市

—右京区／北区—

碁盤の目のように南北と東西に通りがはりめぐらされている京都市の中心部。その西のお隣が右京区です。繁華街から賑やかなエリアが続き、西に向かうにつれて住宅街へと姿を変えていきます。そして桂川へ。観光客に人気の嵐山、渡月橋がかかっているあの川です。

京都は京野菜が知られているように古くからさまざまな野菜が栽培され、おばあちゃんたちはそんな季節の食材をおいしい一品に仕上げてきました。「炊いたん」はその代表例と言っていいでしょう。「炊いたん」はつまり、煮物のこと。「○○の炊いたん」は京都の食卓には欠かせないメニューです。

鯖ずし

ハレの日のごちそうとして、京の三大祭（葵祭・祇園祭・時代祭）や地域の祭りなどでは、鯖ずしを食べる風習があります。昔は、各家庭のおばあちゃんが大量の鯖ずしを作り、親戚やご近所に配る風景が多く見られたとか。

材料（2本分）

- すし飯……2合
- 生鯖（三枚におろす）……1尾
- 酢……約100cc
- 塩……適量
- 竹の皮（水にくぐらせてやわらかくし、水けを拭きとる）……2枚
- ひも……2本

作り方

1. 生鯖の身の両面が白くなるほどたっぷりと塩をまぶし、冷蔵庫で5～6時間ほど置く。
2. ①の塩をサッと洗い流し、水けを拭きとる。小骨を抜き、薄皮をはぎ取ったものをバットに並べ、酢を注ぐ。冷蔵庫に入れて、時々、ひっくり返しながら1時間以上漬ける。
3. 押し型にすし飯を詰め、水分を拭きとった②をのせて押し、棒状に形をととのえる。
4. 竹の皮で包んで、ひもでくくる。半日以上涼しいところに置き、味をなじませる。食べやすい大きさに切って器に盛って完成。

- 押し型がなければ、ラップにすし飯と鯖を包んできつく巻き、同様に形作ってもできます。

ゆず大根

みずみずしい太い大根が手に入ったら作る一品。ゆずの香りがさわやかで、千枚漬けや大根のおこうこ（かたい漬け物）と同様、ちょっとしたお茶請けにもぴったりです。冷蔵庫や涼しいところで保存して、2〜3日で食べきるように。

材料（作りやすい分量）

・大根（太めのもの）……40cmくらい
刻んだゆずの皮……10個分

Ⓐ
酢……100cc
砂糖……150〜160g
刻み昆布……ひとつかみ

Ⓐ
昆布茶……大さじ1
鷹の爪（種を取ってちぎる）……1本分くらい
塩……大さじ3

作り方

1. 大根を8cm厚さの輪切りにし、縦6〜8等分にする。
2. 深めの容器にⒶを入れて混ぜ、甘酢を作る。
3. ②に①を入れて重石をし、2時間ごとに混ぜる（3〜4回程度）。
4. その後、冷蔵庫で一晩置いて完成。浅めに漬かった段階で食べてもサラダのようでおいしい。

・大根は大ぶりにカットすること。小さく切るとすぐにやわらかくなってしまい、食感がよくなくなります。

わけぎのてっぱい

〝てっぱい〟とは、酢味噌和えのこと。わけぎは見た目がねぎと似ていますが、白い部分にねばりがあって甘く、辛みが少ないのが特徴で、てっぱいによく合う食材。普段の食事なら油揚げで作るところを、ゆでたいかやとり貝にすると、ごちそうになります。

材料（1～2人分）

- 油揚げ（25㎝くらいのもの）……1／6枚
（一般的なものでは約1／3枚）
- わけぎ……1束

Ⓐ
白味噌……30ｇ
砂糖……小さじ5
酢……20㏄
からし……少々

作り方

1. わけぎをゆでて、食べやすい長さに切る。
2. 油揚げは焼いて、細く刻む。
3. Ⓐを混ぜて酢味噌を作り、①と②を和える。器に盛って、完成。

- 酢味噌は味見してみて、「甘い」と感じるくらいでＯＫ。白味噌の塩分が足りない場合は、薄口しょうゆを足してみてください。

京都市右京区

鰆《さわら》の西京味噌漬け

海から遠い京都市で、なんとか魚をおいしく食べようとする人々の知恵から生まれたともいわれる西京味噌漬け。昔は、お正月期間はまちのお店がどこも休みで鮮魚が手に入らなくなるためか、お歳暮には木箱入りの西京味噌漬けをよくもらった思い出があるそうです。

材料(2人分)

- 鰆……2切れ

Ⓐ
白味噌……200g
酒粕(水分の多いやわらかいもの)……200g

作り方

1. Ⓐをよく混ぜ、味噌ペーストを作る。
2. 鰆の両面に①を塗り、ジッパーつきポリ袋などに入れる。涼しい場所(夏場は冷蔵庫)で、1日置く。
3. 味噌ペーストを軽く洗い流し、キッチンペーパーで水分を拭きとる。グリルや、オーブンシートを敷いたフライパンで中まで火が通るようじっくりと焼いて完成。

- 焦げやすいので注意。焦げ目がついた時点で中まで火が通っていなければ、アルミホイルをかぶせるなどして焼くのがおすすめです。

ひろうすの煮物

ひろうすは、水切りしてつぶした豆腐に野菜などの具材を入れて油で揚げたもの。今回はさくらげとぎんなん入りですが、豆腐店によって具材はさまざま。いろいろなバリエーションがあるのも京の食の楽しいところ。網で焼いてもおいしいですが、煮物にするとだし汁がしみておいしいです。

材料（1〜2人分）

- ひろうす……3個
- 絹さや（ヘタと筋を取ったもの）……3枚

Ⓐ
だし汁……100cc
砂糖……小さじ1
薄口しょうゆ……小さじ2

作り方

1. 小鍋にⒶを入れて中火にかける。
2. 沸騰したらひろうすを入れ、5分ほど煮る。
3. 火を消す直前に絹さやを加える。
4. しばらく置いて、味をしみ込ませる。器に盛り、完成。

- ひろうすは油抜き（ザルに置いて、全体に熱湯をかける）をしてから煮ると、あっさりと上品な味わいになります。

白味噌のお雑煮

京都のお雑煮は白味噌仕立て。塩分が少なくまろやかで甘みのある白味噌をたっぷりと溶いた濃厚な味わいです。丸もちを焼かずに使うのが特徴で、少し煮溶けたもちが、汁のとろみにもなります。お正月には、もちのほか、縁起がよいとされる頭《かしら》いも、祝い大根、金時にんじんなどを入れます。

材料（4人分）

•丸もち……4個　•昆布……約10cm
•白味噌（メーカーによって塩けが異なるので、好みに応じて調整を）……100〜200g
•かつお節……適量
•水……600cc

作り方

1. 鍋に昆布と水を入れて中火で熱し、沸騰する直前に昆布をとり出す。
2. 白味噌を溶き入れ、甘みが足りないときはみりん（分量外）で味をととのえる。
3. 弱火にし、丸もちを加えて、やわらかくなるまで煮る。
4. 器に盛りつけ、たっぷりのかつお節をかけて完成。

•もちはつきたてのやわらかいものならそのまま使い、かたい場合は少し下ゆでするか、電子レンジで加熱し、やわらかくしてから使いましょう。

若竹煮

京都市内には、全国的にもたけのこの名産地として知られる大枝《おおえ》などがあり、朝掘りたけのこも手に入りやすい土地柄。毎年、春には大きな鍋でたけのこをゆでて、長期保存するのを恒例にしている人も。シンプルにわかめと炊き合わせた若竹煮は、たけのこの甘みや独特の食感が堪能できます。

材料(3人分)

- たけのこ(水煮)……1個(300g)
- 乾燥わかめ……約3g
- 木の芽……適量
- だし汁……適量
- 薄口しょうゆ……小さじ3

作り方

1. たけのこは根元のかたい部分を切り落とし、縦に薄切りにする。
2. 乾燥わかめは水で戻しておく。
3. 鍋に①を入れ、だし汁をひたひたになるくらい注ぎ、薄口しょうゆも加える。
4. 中火にかけ、沸騰したら落とし蓋をして弱火で煮る。
5. 煮汁が1/3くらいに減ったら、火を止め、たけのこをとり出す。
6. 残った煮汁で②をサッと煮て、たけのことともに器に盛る。木の芽をのせて完成。

- このレシピは、シャキシャキしたわかめの食感が残る作り方です。わかめをたけのこと一緒に煮て、一晩置く作り方だと、わかめが溶けてとろっとした仕上がりに。好みに応じて選んでください。

菜の花のごま和え

京都市右京区

季節の〝菜っぱ〟を使った和え物は、ポピュラーな京都のおばんざい。ほろ苦い菜の花は、早春の味。ごま和えのほか、味噌和え、からし和えなどもおすすめ。京の伝統野菜の一つ、畑菜も和え物によく使われますが、その場合は焼いた油揚げを切って加えることが多いそうです。

材料（2人分）

- 菜の花……1／2束（100g）
- 塩……少々
- からし……適量

Ⓐ
すりごま……小さじ5
砂糖……小さじ2
薄口しょうゆ……小さじ4

作り方

1. 菜の花をつぼみと茎に分け、茎は長さ5cmに切る。
2. 鍋に湯を沸騰させて塩を入れ、まず茎を30秒、さらにつぼみを加えてもう30秒ゆでる。冷水にさらし、水けをしぼる。
3. ボウルにⒶを入れて混ぜ、和え衣を作る。②を加えて和える。
4. 器に盛り、からしを飾って完成。

- 菜の花はゆですぎないように注意。和えてから、味をみて、必要に応じて薄口しょうゆを足してもかまいません。

粕汁

酒どころでもある京都。以前は近所の酒屋さんからしぼりたての酒粕をもらうこともよくあったそうで、酒粕はなじみのある食材です。焼いて砂糖をまぶしたり、甘酒にしたりして家庭でもよく食べられています。酒粕をたっぷりと使った粕汁は、寒い季節に体があたたまる一品。

材料（2人分）

- 油揚げ（25㎝くらいのもの）…1／4枚（一般的なものでは約1／2枚）
- 大根……2㎝
- にんじん……1／2本
- こんにゃく……1／10枚
- せり……適量
- 酒粕……50g
- だし汁……400cc
- 薄口しょうゆ……小さじ1〜2

作り方

1. 大根、にんじん、油揚げ、こんにゃくは、同じくらいの大きさの短冊切りにする。
2. 鍋にだし汁と酒粕と①を入れ、中火にかける。
3. 酒粕が溶けて、野菜がやわらかくなったら、薄口しょうゆで味つけする。
4. 器によそって、刻んだせりをのせて、完成。

- 好みで、豚肉や鮭、小いもなどを加えても。仕上げの青みは、香りがよいせりがおすすめです。

ふろふき大根

11月末から12月にかけて、あちこちの寺院で催される健康祈願の〝大根焚《だいこだ》き〟は冬の訪れを感じる風物詩。一般家庭でも、冬の大根は大活躍。熱々の大根を、はふはふ言いながら食べるふろふき大根は、魚料理の副菜などとして、冬の食卓によく登場します。

材料（2人分）

- 大根（5㎝厚さくらいの輪切り）……4切れ
- 木の芽……適量
- だし汁……適量

Ⓐ
赤味噌……大さじ2
砂糖……大さじ1
みりん……大さじ2／3

Ⓑ
白味噌……大さじ2
砂糖、みりん……各大さじ2／3

作り方

1. 田楽味噌を2種作る。Ⓐを耐熱容器に入れて混ぜ、ラップをふんわりとかけて電子レンジ（600W）で1分加熱する。Ⓑも同様にする。
2. 大根は面取りをする。
3. 鍋に②と、かぶるくらいのだし汁を入れて、弱火で煮る。
4. 大根がスッと串が通るやわらかさになったら、とり出して器に盛る。
5. 大根に①をそれぞれ塗り、木の芽を飾って完成。

- 手軽に市販の田楽味噌を利用してもOK。手作りする場合、砂糖に代えて水あめを使うとツヤが出ます。かたくなりすぎたときは、だし汁を加えて調整してください。

生節《なまぶし》の炊いたん

生節は、かつおを蒸したりゆでたりした後、燻製にした加工品。今ほど物流が発達していない頃、新鮮な海産物が手に入りにくい京都市で重宝されたそう。以前は家庭のおかずの食材でしたが、最近は高級品に。炊き合わせにするほか、しょうがじょうゆで食べてもおいしくいただけます。

材料(3人分)

- 生節……3切れ
- 焼き豆腐……1丁
- ふき(水煮)……約2〜3本

Ⓐ
酒……100cc
薄口しょうゆ……100cc
砂糖……大さじ3〜5

作り方

1. 焼き豆腐はひと口大に、ふきは5cmくらいに切っておく。
2. 鍋にⒶを入れてひと煮立ちさせ、生節を入れる。落とし蓋をして、中火で5分ほど煮る。
3. 生節をとり出し、①を加えて、もし煮汁が濃すぎるようなら少し水を足して、弱火で火が通るまで5分ぐらい煮る。
4. 器に②と③を盛って完成。

- 生節の旨味が出た煮汁は、焼き豆腐やふきを炊き合わせることで無駄なく味わえます。

ゆり根の卵とじ

ほんのり甘く、ホクホクとした食感が特徴のゆり根。おせち料理や茶碗蒸しなどで使うことが多い野菜ですが、余らせてしまう場合も。この卵とじは、あまり日持ちしないゆり根を、手軽においしくいただく、ある意味〝始末の料理〟。半端に残ったかまぼこなどを刻んで入れてもよいでしょう。

材料（2～3人分）

- ゆり根……1個
- 溶き卵……2個分
- だし汁……適量

Ⓐ 砂糖……小さじ4
　薄口しょうゆ……小さじ2

作り方

1. ゆり根は外側から1枚ずつはがして洗い、かためにゆでしておく。
2. 鍋に①とⒶを入れ、ひたひたにだし汁を注ぐ。
3. 中火にかけ、沸騰したら溶き卵を回し入れて、火を止める。器に盛り、ゆずの皮（分量外。山椒でもOK）を飾れば完成。

- だし汁は少なめにし、少し甘めの味つけにするのがおいしい。煮すぎるとゆり根が崩れるので、調理は手早くしましょう。

京都市右京区——

右京区の北部に位置する京北エリアは90％以上が山林。林業が盛んで「北山杉」や「北山丸太」の産地として知られています。林業に携わっていた人も多く、山の食材を使った料理は、他地域とは違った味わいです。

クロモジ茶のソーダ水

クロモジとは、京北地区の山でよくみられるクスノキ科の落葉低木。爽やかな香りが特徴の枝は、和菓子に添える楊枝に使われることも。茶葉を煮出して、すっきりとした飲み口のドリンクに。炭酸のシュワッとした口当たりが気持ち良く、暑い夏の時期にぐびぐび飲みたい一杯です。

材料(作りやすい分量)

- クロモジの茶葉……60g
- 甘めのサイダー……適量
- 氷……適量
- 水……1600cc

作り方

1. やかんにクロモジの茶葉と水を入れて沸騰させ、冷ます。
2. ①が冷めたら、氷を入れたグラスに80ccずつ注ぐ。
3. ②に甘めのサイダーを好みの濃さになるよう2〜3回に分けて注ぎ、全体を混ぜ合わせたら完成。

ジビエ（鹿）の佃煮と根菜の甘味噌添え

濃く味つけされた鹿肉は、弾力があり、お酒のあてにぴったりな一品に。つけ合わせに、ゆで卵やふき、れんこん、ごぼう、にんじんといった根菜も添えると、食卓のおかずにも。甘味噌をつけていただき、それぞれの食感や風味を味わいます。

材料（4人分）

［ジビエ（鹿）の佃煮］
- 鹿肉……600g
- しょうが……3かけ程度（30g）

Ⓐ
酒……大さじ3
しょうゆ……大さじ3
みりん……大さじ3

［根菜の甘味噌添え］
- にんじん……1／2本
- ごぼう……1／2本
- れんこん……1／3節
- ふき……1／2本
- ゆで卵……4個

［甘味噌］
- 麹味噌……180g
- 砂糖……90g
- 酒……50cc
- マヨネーズ……25g

作り方

［ジビエ（鹿）の佃煮］
1. 鹿肉はひと口大に切る。
2. しょうがを薄切りにる。
3. 深い鍋にⒶをすべて入れ、①、②を入れる。
4. 弱火で煮て火が通ったらすぐ火を止める。
5. ④が冷めたら弱火にかけ、あたたまったら火を止める。
6. ⑤が冷めたらもう一度弱火にかけ、あたたまったら火を止め、冷めて味がしみ込んだら完成。

［甘味噌］
1. フライパンに材料をすべて入れ、混ぜながら弱火で煮る。
2. 味噌の表面がぷくぷくと泡立ったら火を止め、完成。

［根菜の甘味噌添え］
1. 野菜はそれぞれ皮をむき、好みの大きさに切る。
2. ①の野菜をお湯でゆでる。
3. ゆで卵は、殻をむき半分に切る。
4. ②の野菜は水けを切り、③、佃煮とともに皿に盛りつける。端に甘味噌を添えれば完成。

- 根菜やゆで卵は、数時間甘味噌に漬けておいても、味がしみておいしくいただけます。

京都市右京区

クロモジもち

おもちの中身は里いも味噌、納豆味噌、漬物味噌の3種類。昔から「医者いらず」と言って地元の人々に親しまれてきた味噌や納豆を包んだもの。京北は納豆発祥の地のひとつとも伝わり、納豆を包んだ「納豆もち」は正月の定番。ふるさとの産品を知ってほしいと、クロモジをもちに混ぜているそう。

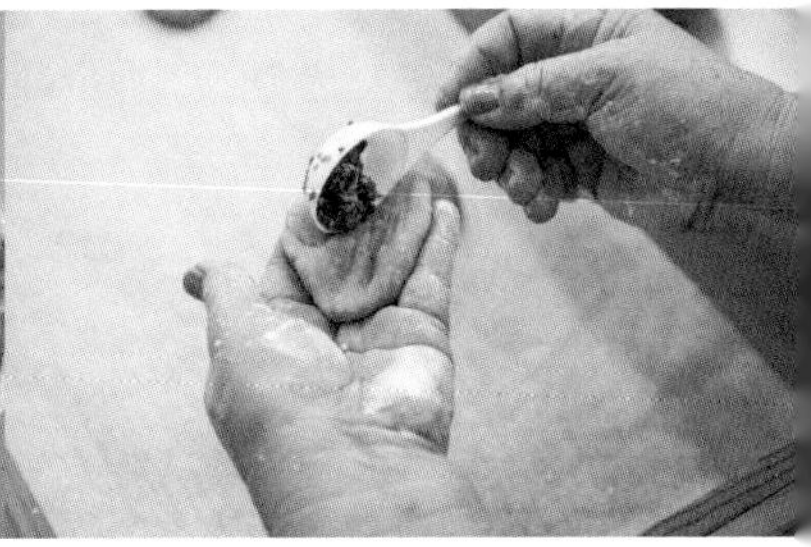

材料(約25個分)

［もち］

- もち米……4合(600g)
  ※一晩、水につけておく
- 里いも……1～2個(60g)
- もちとり粉……適量
- 小麦粉……40g
- 小麦粉を溶くぬるま湯…30cc

Ⓐ
- 白砂糖……40g
- クロモジパウダー……18g
- 塩……4g
- 湯冷まし……20cc

作り方

1. 小麦粉はぬるま湯でとろみがつく程度に溶いておく。
2. 里いもはよく洗い、皮をむき、500W～600Wの電子レンジで5分程度加熱する。
3. 里いもをレンジからとり出しやわらかくなっていたら、半分に切っておく。
4. もち米をもちつき機にセットし、もちつき機をまわす。
5. もちつき機がまわり、もち米がつぶれてきたら、①と③、Ⓐをすべて入れてもちをつく。
6. もち用の容器にクッキングシートを敷き、もちとり粉を薄くまぶす。
7. ⑤でついたもちをとり出し、⑥の容器に入れる。
8. 35gずつもちをちぎり、もちを円形に広げて中心に好みの具材を置き、二つ折りにしたら完成。中の具材によって、目印を上にのせておくとよい。

具のアレンジ3種

里いも味噌

材料

- 里いも……1個(30g)
- 減塩味噌……15g
- 三温糖……20g
- マヨネーズ……5g

作り方

1. 里いもはよく洗い、皮をむき、500W～600Wの電子レンジで5分程度加熱する。
2. 里いもをレンジから取り出し、やわらかくなっていたら粗く刻み、減塩味噌、三温糖、マヨネーズと混ぜ合わせ、水分がなくなるまで火にかけたら完成。

納豆味噌

材料

- 小粒納豆(国産)……20g
- 減塩味噌……15g
- 三温糖……15g
- マヨネーズ……5g

作り方

1. 小粒納豆を粗く刻む。
2. ①、減塩味噌、三温糖、マヨネーズを軽く混ぜ合わせれば完成。

漬物味噌

材料

- 福神漬け……35g
- 三温糖……5g
- マヨネーズ……5g

作り方

1. 福神漬けはキッチンペーパーでしっかり水分を取る。
2. ①、三温糖、マヨネーズを混ぜ合わせ、水分がなくなるまで火にかけたら完成。

京料理に代表される豊かな食文化を育んできた京都市。「おいしいものは、よそで食べて(「外食する」の意味)、普段は大したものは作らへんえ」とおっしゃられても、日常の料理にもこだわりが。豆腐ならここ、味噌はここと、お気に入りの老舗があったりするものです。季節の年中行事や風習を大切にし、2月の初午《はつうま》には「畑菜のからし和え」、7月の祇園祭には「鱧《はも》料理」を味わうといった食文化は、今も現役。細かいものも含めると、次々に食べなくてはならないものがやってきますが、それも季節の楽しみ方のひとつです。

子ども

かぶらとお揚げの炊いたん

京都ではかぶのことを「かぶら」と呼びます。口に入れるとトロリととろけるような食感のかぶらの炊いたん（煮物）は、やわらかなかぶらに、かぶらの葉と油揚げの歯ごたえや香りがアクセント。だし汁を多めにお椀に盛りつけて、お吸い物代わりの一品として食卓へあがります。

材料（2～3人分）

- 油揚げ……1／3枚（一般的な油揚げなら1／2枚）
- かぶら……小さいものなら1～2個、大きいかぶらなら1／4個
- だし汁……適量
- 薄口しょうゆ……大さじ1／2
- みりん……少々
- 七味唐辛子……適宜

作り方

1. かぶらの実は薄くいちょう切りに、葉は4cmほどの長さに切る。油揚げは長さ4cmの細切りにする。
2. ①を鍋に入れ、ひたひたになるまでだし汁を入れ、薄口しょうゆ、みりんを加え、強火にかける。
3. 沸騰したら中火にして、アクをとる。かぶらが透き通り、やわらかくなるまで煮て、味をととのえる。
4. だし汁を多めに盛りつける。お好みで七味唐辛子をふりかけたら、完成。

大根とお揚げの炊いたん

大根をじゃこのおだしでやわらかく炊いて、ゆずの皮を添えた冬らしいおばんざい。ゆずは、冬の京都に欠かせない香りです。炊き合わせに、おつゆに、お菓子にも。皮をせん切りにしたり、すりおろしたりして散らせば、家庭料理がちょっぴり上品に。

材料（4〜5人分）

- 油揚げ……2／3枚（一般的な油揚げの場合は1枚）
- だしじゃこ（煮干し）…ひとつかみ
- 大根……2／3本
- ゆずの皮……適量

Ⓐ
- 薄口しょうゆ……大さじ1と1／2
- みりん……大さじ2
- 砂糖……大さじ1／2

作り方

1. 大根は皮つきのまま厚さ3cmほどの輪切りにし、それを十字に切って、4等分にする。
2. 油揚げはひと口大に切る。
3. 鍋に①と②、だしじゃこ、Ⓐを大根がひたひたになるぐらいの水（分量外）を加えて煮る。
4. 大根がやわらかくなったら味をととのえて火を止め、冷まし、味をよくしみ込ませる。
5. 食べる前に再度あたため、細切りにしたゆずの皮とともに器に盛りつけたら完成。

- 栄養たっぷりなのでだしじゃこも一緒にいただきましょう。

かぼちゃの炊いたん（いとこ煮）

冬至に無病息災を願ってかぼちゃ（なんきん）を食べる風習があります。かぼちゃやれんこん、大根などの「ん」がつくものを食べると、風邪を予防し、邪気を払い、その冬は無事に過ごせると言われています。かぼちゃに小豆を合わせて「いとこ煮」にしていただく地域も。

材料（4人分）

- かぼちゃ……1／4個（400g）
- ゆで小豆……適量
- 煮干し……10g

Ⓐ
薄口しょうゆ……大さじ1と1／2
みりん……大さじ1と1／2
砂糖……大さじ1
水……1カップ

作り方

1. かぼちゃをひと口大に切る。
2. 鍋に煮干し、①とⒶを入れて、かぼちゃがやわらかくなるまで煮る。
3. 鍋にゆで小豆を加え、小豆があたたまればいとこ煮の完成。

- 生の小豆を使うときは、小豆をたっぷりの水に一晩つけてから②でかぼちゃと一緒に煮るとよいでしょう。

京都市右京区

きゅうりと鱧《はも》の皮の酢の物

京都の夏と言えば、鱧。暑い夏にもさっぱりとした味わいで栄養補給ができる料理がこちら。鱧の皮ときゅうりを土佐酢で和えて、細く刻んだ針しょうがを天盛りにします。このこんもりとした盛りつけは「まだ誰も箸をつけていない」というしるし。

材料（4人分）

- 鱧の皮……50g
- きゅうり……3本
- しょうが……適量

Ⓐ
だし汁……大さじ3
酢……大さじ2
薄口しょうゆ……大さじ1
みりん……大さじ1

作り方

1. 鍋にⒶを入れてひと煮立ちさせ、土佐酢を作り、冷ましておく。
2. きゅうりを薄切りにしてボウルに入れ、塩ひとつまみ（分量外）を入れ、もんでしんなりさせ、軽くしぼる。
3. ボウルに、刻んだ鱧の皮、②を加えてよく混ぜ合わせる。そこに①の土佐酢を入れて合わせる。
4. ③を器に盛り、上にせん切りにしたしょうがをのせて、完成。

ねぎとお揚げのごま酢和え

京都市右京区

煮たり、焼いたり、和え物にといろいろなおばんざいで使われる人気の食材、油揚げ。こんがり焼いて和え物にすれば、ねぎの食感との違いも楽しめる一品に。また、ねぎのゆで汁は味噌汁やスープに再利用して、旨味や栄養を余すことなくいただきましょう。

材料（4人分）

- 油揚げ…2／3枚（一般的な油揚げの場合は1枚）
- ねぎ…1束（九条ねぎ6～7本）

Ⓐ
ねりごま……大さじ2
すりごま……大さじ2
砂糖……大さじ2
薄口しょうゆ……大さじ2
酢……大さじ2
水……大さじ2

作り方

1. ねぎは4cmほどに切ってゆがく。
2. 油揚げは軽く焼き色がつく程度に両面を焼く。
3. ②を幅は5mm、長さはねぎと同じぐらいに細長く切る。
4. ボウルでⒶを混ぜ合わせてごま酢を作り、さらに①と③を加えて和えれば完成。

- ごま酢の調味料はすべて一対一の割合で。多めに作って豆腐や魚料理に使っても合います。

鰯の炊いたん

小鰯がたくさん手に入ったら作り置きしておきたい一品。海が遠い京都市では新鮮な魚が手に入りにくく、昔から臭みを消すために番茶や梅干しで魚を炊いていたそう。流通や冷蔵技術が発達した今は、新鮮な魚をおいしく食べる工夫になりました。

材料(5人分)

- 小鰯……20匹
- かつお節……ひとつかみ
- 番茶……ひとつかみ
- 炒りごま……適量

Ⓐ
しょうが……ひとかけら
梅干し……2個
山椒の実……大さじ1（お好みで）
濃口しょうゆ……大さじ2
酒……大さじ2
みりん……大さじ1／2

作り方

1. 小鰯は、頭や内臓を取り除いておく。
2. 鍋に600ccの水（分量外）と番茶を入れ煮出し、冷ましておく。
3. 別の鍋に小鰯を並べ、Ⓐを入れ、浸るぐらいの②を入れ、落とし蓋をして火にかけ、沸騰させる。
4. いったん沸騰したらアクを取り、弱火にして20分ほど煮て、焦げないように注意して水分を飛ばす。水分がなくなったら小鰯がひたひたになるくらい②を加え、弱火で煮る。②がなくなるまでこれを繰り返して、約1時間かけて煮つめる。
5. 鍋から小鰯をとり出し、あたたかいうちに、かつお節、いりごまをまぶす。
6. ⑤が冷めたら完成。

- 炊きあがるまで小鰯は触らない方がきれいに仕上がります。できあがったらザルや網に並べて、2〜3時間天日干しして冷蔵庫に入れると日持ちするそう。

信田巻き

関西では「信田」とも呼ばれる油揚げ。季節の食材を油揚げでぐるりと巻き、具材がばらばらにならないようにかんぴょうで留めると見た目もきれいで、おもてなし料理としても重宝します。穴子を入れておせち料理にする家庭もあるとか。

材料（5人分）

- 油揚げ…1枚（一般的な油揚げの場合は2枚）
- ごぼう…2本
- さやいんげん…150g
- にんじん…1本
- 干ししいたけ…2枚
- かんぴょう…10g（25cmほど5〜6本分）
- ごま油…小さじ1／2

Ⓐ
だし汁（干ししいたけの戻し汁）…2カップ
薄口しょうゆ…大さじ2
みりん…大さじ2
砂糖…大さじ1

作り方

1. 油揚げはサッと湯通しして油抜きをし、開きやすくする。長いほうの1辺を残し、他の3辺を薄く切り落とし、手で開く。
2. ごぼう、にんじんは細長く棒状に切り、さやいんげんは筋を取って、塩ひとつまみ（分量外）を入れた湯で下ゆでする。
3. 干ししいたけを水で戻し、細切りにする。戻し汁は捨てずに残しておく。
4. 水で戻したかんぴょうを、ひと巻きできる長さ（約25cm）に切る。
5. 巻きすの上に油揚げを広げ、②と③を、手前2cmほどあけて並べ、手前からしっかりと巻いて、かんぴょうで5〜6ヵ所結ぶ。
6. 鍋に⑤とⒶを入れ、20分ほど煮込み、風味づけにごま油を全体にかけておく。
7. 火を止めて、半日から一晩置いて味をしみ込ませる。鍋から信田巻きをとり出し、かんぴょうとかんぴょうの間で切り、断面を上にして盛りつければ、完成。

- 火が通ると具材がやわらかくなり、ばらばらになりやすいので、かんぴょうでしっかりと結んでおく。

ほうれん草とごまの白和え

ほうれん草をごまや豆腐と和えた白和えは、クリーミーな舌触りとまろやかで優しい味が懐かしい定番のおかず。ほうれん草と豆腐の水切りはしっかりとしましょう。だしを効かせて、ごまをたっぷり入れてより風味豊かに。

材料（4人分）

- 絹ごし豆腐……半丁
- ほうれん草……1束
- すりごま……大さじ2
- だししょうゆ……大さじ1

作り方

1. ほうれん草はゆでて、2㎝幅に切り、水けを切る。
2. 絹ごし豆腐はしっかりと水切りし、ボウルに入れて木べらなどでつぶす。よりクリーミーな食感にしたい場合は、すり鉢ですするとよい。
3. ②に、すりごま、だししょうゆ、①を入れ、混ぜ合わせたら完成。
4. 器に盛りつけ、すりごま（分量外）を適量ふりかける。

小かぶの一夜漬け

煮物に、サラダにと使い勝手のいい小かぶ。余ってしまったときは、ぜひ一夜漬けにしてください。みずみずしい小かぶは漬け物にすると、しんなりやわらかくなって美味。あっさりとした味わいは食事の箸休めにぴったり。

材料(2人分)

- 小かぶ……1個
- ゆずの皮……適量
- 塩……ひとつまみ
- 昆布……適量

作り方

1. 小かぶは厚めに皮をむいて、半月切りにする。
2. 袋に①と塩を入れて塩もみして、一昼夜寝かせる。
3. 盛りつけるときに、ゆずの皮や昆布などを添えて完成。

特製だれ付き湯豆腐

豆腐だけもいいけれど、豚肉や鱧を加えて食べ応[illegible]した湯豆腐はいか[illegible]に工夫があるのがたれ。大根[illegible]ろし、ねぎ、焼き海苔を使ったたれなら、あっさりしつつもインパクトある味わいに。豆腐は切らずにそのまま土鍋に入れ、レンゲなどで崩しながらいただきます。

材料（3〜4人分）

- 鱧……適量
- 豚肉……適量
- 豆腐……2丁
- だし昆布……1枚（15㎝×10㎝くらい）

［特製だれ］

- 大根……1／3本
- 九条ねぎ……1／2〜1束
- 花かつお……15g〜25g（ひとつかみ）
- 焼き海苔……5枚
- 濃口しょうゆ……1カップ

作り方

1. 焼き海苔は、表面を軽く火であぶってから、ビニール袋に入れてもみほぐす。
2. 別のビニール袋に花かつおを入れて軽くもんで、細かくする。
3. 大根はすりおろし、九条ねぎは小口切りにしておく。
4. ボウルに①〜③と濃口しょうゆを入れ、混ぜ合わせる。
5. 土鍋に水（分量外）を入れ、だし昆布と豆腐を入れて火にかけ、沸騰手前で火を弱め、鱧や豚肉を入れてサッと火を通す。
6. 煮立たないように弱火で調整しながら、④をつけていただく。

鯛めん

鯛を一匹まるごと煮て、そのだし汁でさらにうどんを味つけ。京都市の高雄では、お祝いごとのテーブルに登場する料理として昔から受け継がれてきた料理だそうです。やわらかく煮た鯛はもちろん、鯛のだし汁がしみたうどんも絶品。

材料（4人分）

- うどん……4玉
- 鯛……1尾
- だし汁……適量

Ⓐ
酒……150cc
みりん……60cc
砂糖……大さじ3
濃口しょうゆ……100cc
水……250cc

作り方

1. 鯛は、ウロコやエラ、内臓を取り除き、きれいに洗う。
2. ①に2～3か所、斜めに切り込みを入れる。
3. 広口の鍋に湯を沸かし、サッと鯛をくぐらせ、冷水にとり、取り残したウロコや内臓まわりをきれいに取り除く。
4. 鍋にⒶを入れ、煮立ったら③を入れる。
5. 再び煮立ったら、アクを丁寧にとりながら、煮汁をすくって全体に回しかけ、ぬらした落とし蓋をして中火で4～5分煮る。
6. 鯛を取り出し、だし汁で煮汁を薄めて好みの味にととのえる。
7. 湯通ししたうどんを⑥に入れ、弱火で煮汁をからめるようにして煮る。
8. 味がしみ込んだら、お皿に鯛とうどんを盛って完成。

- 鯛を煮るときに下にアルミホイルや竹の皮を敷くと、⑥で鯛をとり出す際に身が崩れにくくなります。

れんこんのおすもじ

「おすもじ」とは京言葉でおすしのこと。錦糸卵や紅しょうが、三つ葉にまざって盛りつけられた真っ白なれんこんが主役のおすもじ。桶にたっぷり作るおすしはお祝いの席には欠かせません。れんこんのシャキシャキした食感とゆずの香りが楽しい華やかな料理。

材料（5～6人分）

- 米……3合
- ちりめんじゃこ……200g
- れんこん……400g
- 三つ葉……1束
- 錦糸卵……卵2～3個分
- 紅しょうが……適量
- 昆布……4～5cm
- 炒りごま……適量

Ⓐ
酢……大さじ2
砂糖……大さじ1
塩……ひとつまみ

Ⓑ
酢……大さじ2
砂糖……大さじ2
塩……小さじ1／2
ゆずまたはレモンのしぼり汁……大さじ1

作り方

1. 米は昆布を入れて、炊いておく。
2. れんこんを2mmほどの厚さの半月切りにして鍋に入れ、Ⓐを加え、れんこんがひたひたになるまで水を入れて火にかける。れんこんが透き通ったら火を止めて冷ます。
3. 炊きあがったごはんを桶に入れ、Ⓑをふりかけ、しゃもじで切るように混ぜ合わせ、冷ましておく。
4. ちりめんじゃこと②の鍋からとり出したれんこんを③に入れ、しゃもじで混ぜ合わせる。
5. ④の上に炒りごまをふりかけ、錦糸卵、三つ葉、紅しょうがを散らしたら、完成。

- 多めに作っておいて、翌日にごぼう、にんじん、しいたけ、焼き穴子を加えて「蒸しずし」にアレンジしても。蒸し器がなければ、電子レンジであたためて作っても美味。

京都市の街中を流れる鴨川。四条大橋や三条大橋あたりの繁華街では、川べりに座っておしゃべりしたり、楽器の演奏をしていたり。さまざまな人が集って思い思いに過ごしています。そんな鴨川を上流へ、つまり北に向かっていくと雰囲気は徐々にのどかに。なかでも北区は、上賀茂神社や大徳寺といった大きな社寺がある落ち着いたエリアです。野菜作りが盛んで、てんびん棒の両端につけた容器に野菜を入れて売り歩く「振り売り」をする人もおられたそう。そんな北区で教えてもらったのは、たくさんの材料で作って保存がきく佃煮など。きっと忙しい合間にも食べられて、重宝したのでしょうね。

ずいきの炊いたん

里いもの葉柄（葉と茎の間の部分）が「ずいき」。種類によってはアクがあったり、皮をむかなくてはならなかったりと、下処理に手間がかかりますが、独特の食感と風味が好まれています。しょうがの香りが立つよう、薄めの味つけにしましょう。

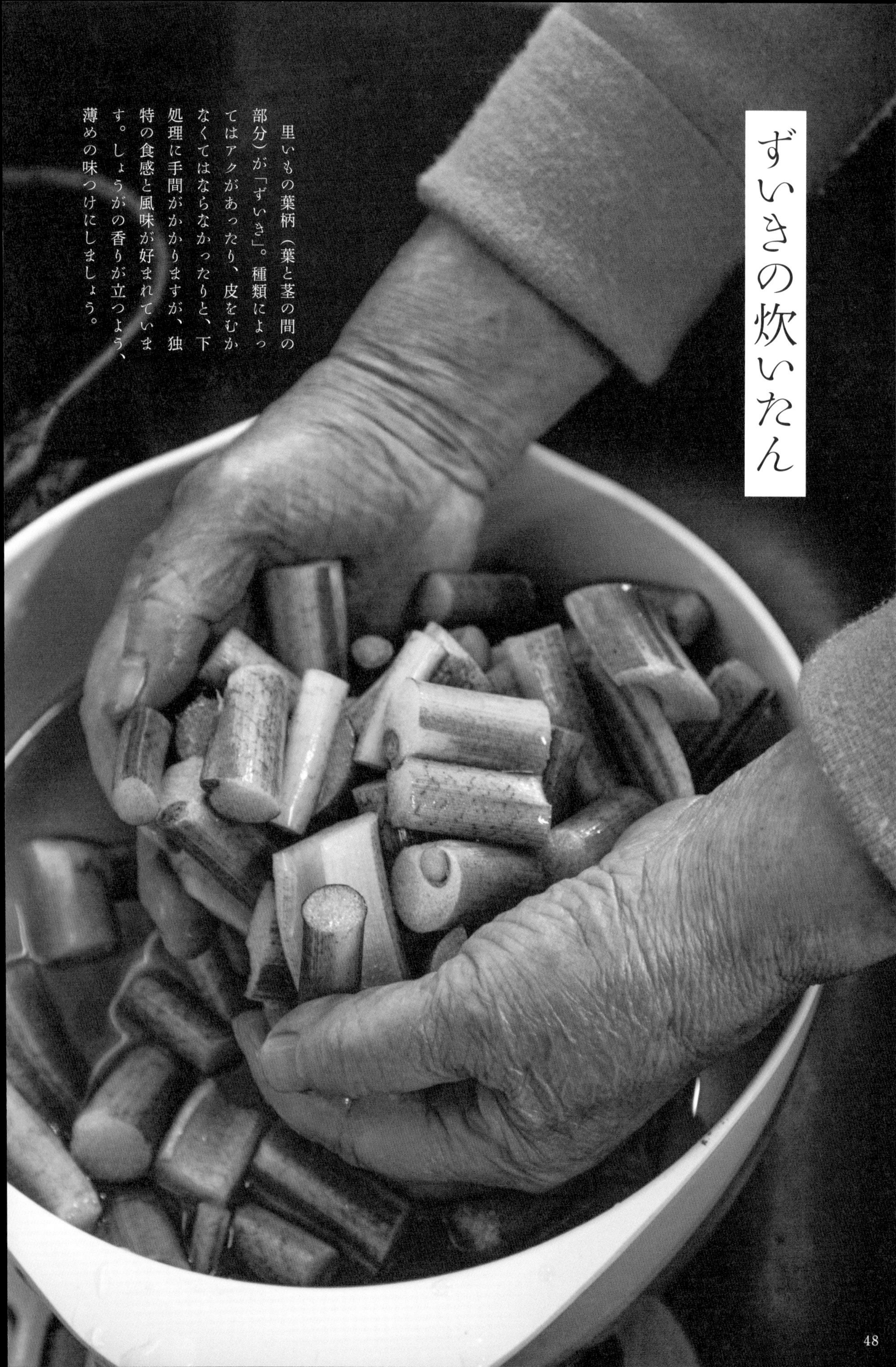

材料（4人分）

- 油揚げ……1／2枚
（一般的な油揚げの場合は1枚）
- ずいき……300g
- 土しょうが……少々
- 酢……少々（2回分）
- 煮干しでとっただし汁……2カップ

Ⓐ
酒……大さじ1
しょうゆ……大さじ1
塩……小さじ1／2

作り方

1. ずいきは4～5cm幅（太いものは2つ割り）に切り、酢を入れた水に1時間くらいつけてアクを抜く。
2. 鍋にたっぷりの湯を沸かし、酢と塩少々（分量外）を加えて①を下ゆでし、ザルにあげて水切りしておく。
3. 油揚げは熱湯をかけて油抜きし、細切りにしておく。
4. 鍋に煮干しでとっただし汁を入れ、煮立ってから③とⒶを入れる。再び煮立ってから②のずいきを入れ、5分ほど煮る。
5. ④を器に盛り、すりおろした土しょうがをのせて完成。

- アクやえぐみが気になる人は①の時間を少し多めにしてもよいです。また、アクがあまり強くない「赤ずいき」を使う方法もあります。ずいきのシャキシャキとした食感がなくなってしまうので、④ではあまり煮込まないようにしてください。

しその実の佃煮

しその実は花が終わった後につく小さな実。「穂紫蘇」とも言われ、お刺身をいただくときにしょうゆに入れて香りづけするのに使うこともあります。プチプチとした食感と香りが独特な佃煮で、ごはんのお供だけでなく、薬味的に使っても美味。

材料（4人分）

- しその実……100g

Ⓐ
酒……大さじ4
しょうゆ……大さじ1

作り方

1. 軸からしその実をそぎ取り、きれいに洗って水をしっかり切る。
2. 鍋に①とⒶを入れ、3分ほど煮て、煮立ったら完成。

ぜいたく煮

たくあんをわざわざ塩抜きし、味つけをしなおして食べる「ぜいたく煮」。だし汁としょうゆがしみて、くたっとなった独特の食感がクセになります。漬物にひと手間かけることで、味わいを変え、さらにおいしく食べられる。工夫がつまったおばんざいです。

材料(4人分)

- たくあんの古漬け……1kg
- 鷹の爪……少々
- だし汁……1500cc
- 砂糖……80g
- しょうゆ……70cc

作り方

1. たくあんの古漬けは3~5㎜幅の輪切りにし、一晩水につけて塩出しする(途中で4~5回くらい水をとり替える)。
2. 鍋に①、だし汁(たくあんがつかるように)、鷹の爪、砂糖を入れて火にかけ、好みのやわらかさに煮る。
3. しょうゆを加えて味つけしたら完成。

- たくあんを煮るときに、頭と内臓をとっただしじゃこ(1カップ)を入れて煮てもおいしくいただけます。

いたちのあんかけ

「いたち」とは、葉の陰に隠れていたりして、収穫時期に取り忘れて大きくなりすぎてしまったきゅうりのこと。太く、長くなり、ときには40～50cmになることもあります。煮物にすると、食べ慣れた生食のきゅうりとは全く異なる味わいが楽しめます。

材料（4人分）

- いたちきゅうり……3本
※手に入らない場合は、大きめのきゅうり（6～8本）で代用
- おろししょうが……少々
- くず粉（片栗粉でもよい）……大さじ1

Ⓐ
だし汁……3カップ
しょうゆ……大さじ1～2
塩……小さじ1

作り方

1. きゅうりは皮をむき、縦半分に切って種をとり、1cm厚さに切る。
2. Ⓐを鍋に入れ、①を入れて煮る。
3. きゅうりに火が通ったら、同量の水（分量外）で溶いたくず粉を入れながらかき混ぜ、全体にとろみがついたら火を止める。
4. 器に盛り、おろししょうがをのせて完成。

ゴーヤの佃煮

長く置いておくと変色してしまうゴーヤ。たくさん手に入ったら、みずみずしいうちに佃煮にしましょう。ゴーヤの苦みが甘辛いしょうゆ味とマッチして、ごはんが進む一品に。苦みはそう強くないので、ゴーヤの苦みが得意でない人にもおすすめです。

材料（4人分）

- ゴーヤ……1本（約300g）
- かつお節……10g
- 炒りごま……大さじ1

Ⓐ
- 砂糖（ザラメ）……80g
- 濃口しょうゆ……30cc
- 薄口しょうゆ……15cc

作り方

1. ゴーヤは縦半分に切り、種とワタをスプーンで取って、3㎜くらいの薄切りにする。
2. 鍋に湯を沸かし、①をかために下ゆでしたあと、しっかりしぼって水分を切る。
3. 鍋に②とⒶを入れて中火で煮る。
4. 煮汁がほとんどなくなったら火を止め、かつお節、炒りごまを入れて混ぜて完成。

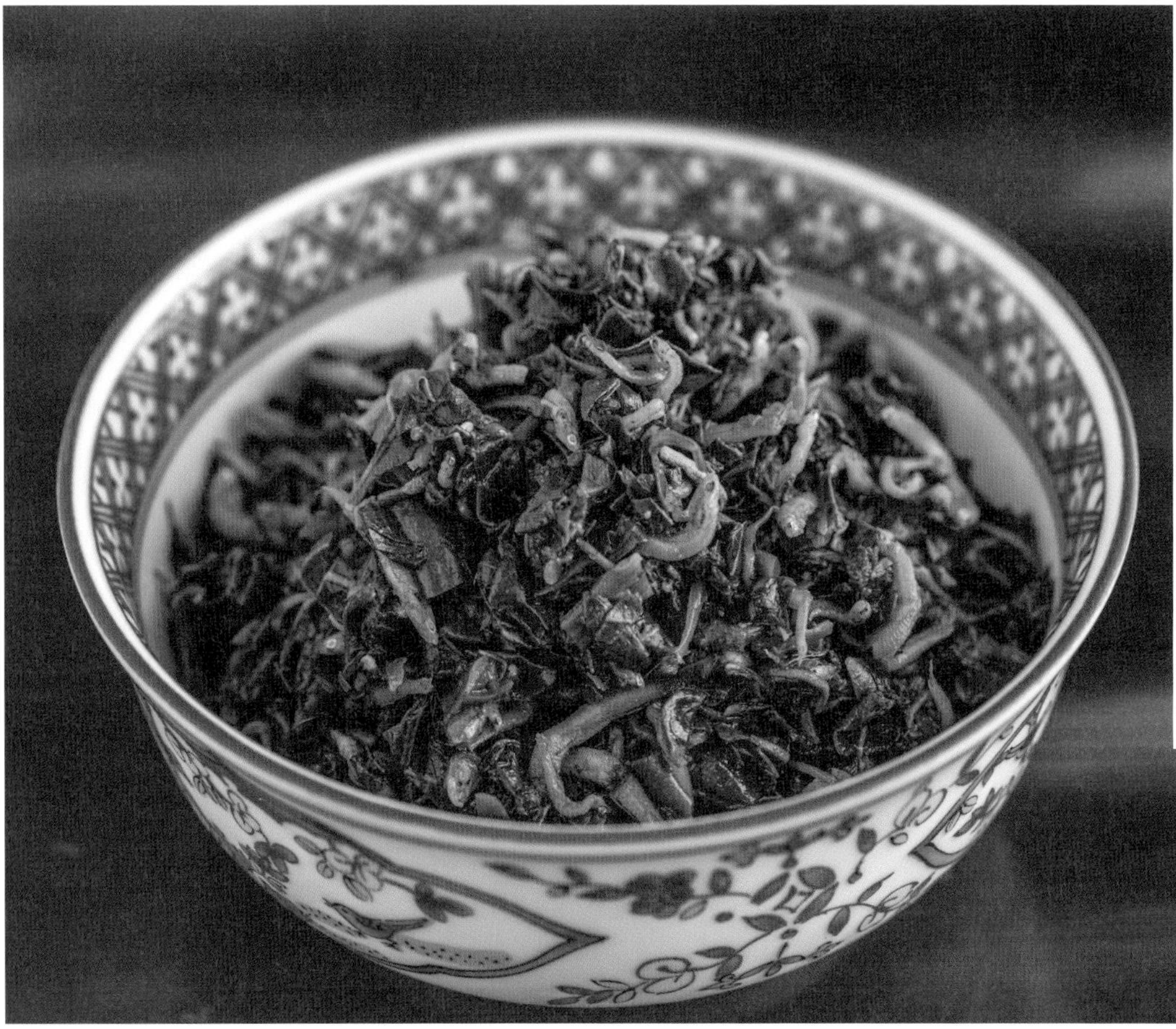

きごしょ（葉とうがらしの佃煮）

「きごしょ」とはとうがらしの葉のこと。霜がかかる頃にやわらかくなったとうがらしの葉を採り、佃煮にします。とうがらしの葉の持つ香りがする、少し懐かしい味です。薄めの味つけなので、好みで一味とうがらしをふりかけてもいいでしょう。

材料（4人分）

- 葉とうがらし……300g
- だし汁……300cc

Ⓐ
ちりめんじゃこ……50g
砂糖……大さじ1
しょうゆ……大さじ2
みりん……大さじ1

作り方

1. 葉とうがらしはよく洗い、水につけて30分〜1時間さらす。
2. 沸騰した湯に塩少々（分量外）を入れて、①をゆでる。やわらかくなったら水にさらし、アクを取るために2〜3回水を替える。終わったら、水けをしっかりしぼる。
3. だし汁とⒶを鍋に入れて火にかけ、煮立ったら②を入れて、汁けがなくなるまで煮たら完成。

いもづるの佃煮

いもづる（さつまいものつる）は繊維質が多いですが、皮をむいてくたくたになるまで煮込むと、食卓に欠かせないおばんざいになります。白ごはんとの相性は抜群で、冷蔵庫に常備しておきたい一品。傷みやすいので手に入れたらできるだけ早く湯がいてください。

材料（4人分）

- さつまいものつる……500g
- だし汁……大さじ3
- Ⓐ 砂糖……大さじ2
- Ⓐ しょうゆ……大さじ3
- Ⓐ みりん……大さじ1
- Ⓐ 酒……大さじ3
- ごま油……大さじ2

作り方

1. さつまいものつるは3〜4cmの長さに切る。太いものは2〜3か所皮をむいておく。
2. ①をサッとゆがき、よく水けを切る。
3. フライパンにごま油をひいて②を炒め、やわらかくなったらⒶを入れ、味つけをして完成。

- 山椒の実を入れると、もう少し薄味で作ってもおいしくいただけます。

麦まんじゅう

田植えの時期、忙しい農家に食べ物の贈りものをした「田植え見舞い」。そのお返しとしてよく作っていたのがこの麦まんじゅうだそうです。お盆のお供え物として作る家庭もあったとか。もちっとした食感とえんどう豆のあんの素朴な甘さが美味。

材料（30個分）

Ⓐ皮
小麦粉……500g
砂糖……15g
水……260cc

Ⓑあん
えんどう豆……500g
砂糖……400g
塩……小さじ3

• ツバキの葉……30枚

作り方

1. 皮を作る。ボウルにⒶの小麦粉と砂糖を入れて混ぜ合わせる。水を少しずつ入れながらよくこね、耳たぶよりやわらかい状態にする。ぬれ布巾をかけ、一晩寝かせる。
2. 鍋にえんどう豆を入れ、ひたひたになるくらいの水（分量外）でやわらかくなるまでゆでる。ゆであがったら、豆をとり出し、少量の水（分量外）を加えミキサーにかける。
3. 鍋に②を入れ、Ⓑの砂糖、塩を加えて、かために煮つめてあんを作る。
4. ①をピンポン玉より少し小さめ（約30等分）に丸めてから円形に広げて、③のあんを包む。形を整えてツバキの葉にのせる。
5. 蒸し器の底に布巾を敷き、5〜7分間蒸す。
6. 蒸しあがったらバットに並べ、打ち水をしてツヤを出せば完成。

• 薄くのばすため、皮は一晩寝かせます。小麦粉（350g）に対し、白玉粉（150g）を入れると時間が経ってもかたくなりにくいですが表面のツヤは出にくくなります。

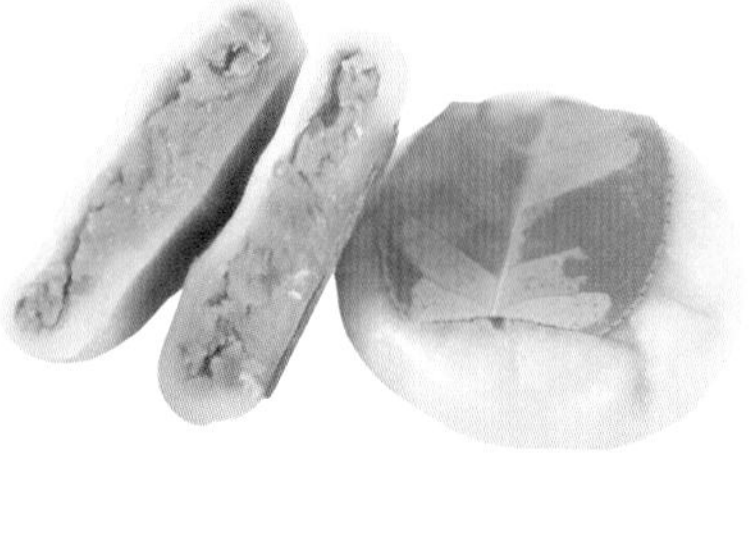

2章

山城

―宇治市／京田辺市・綴喜郡―

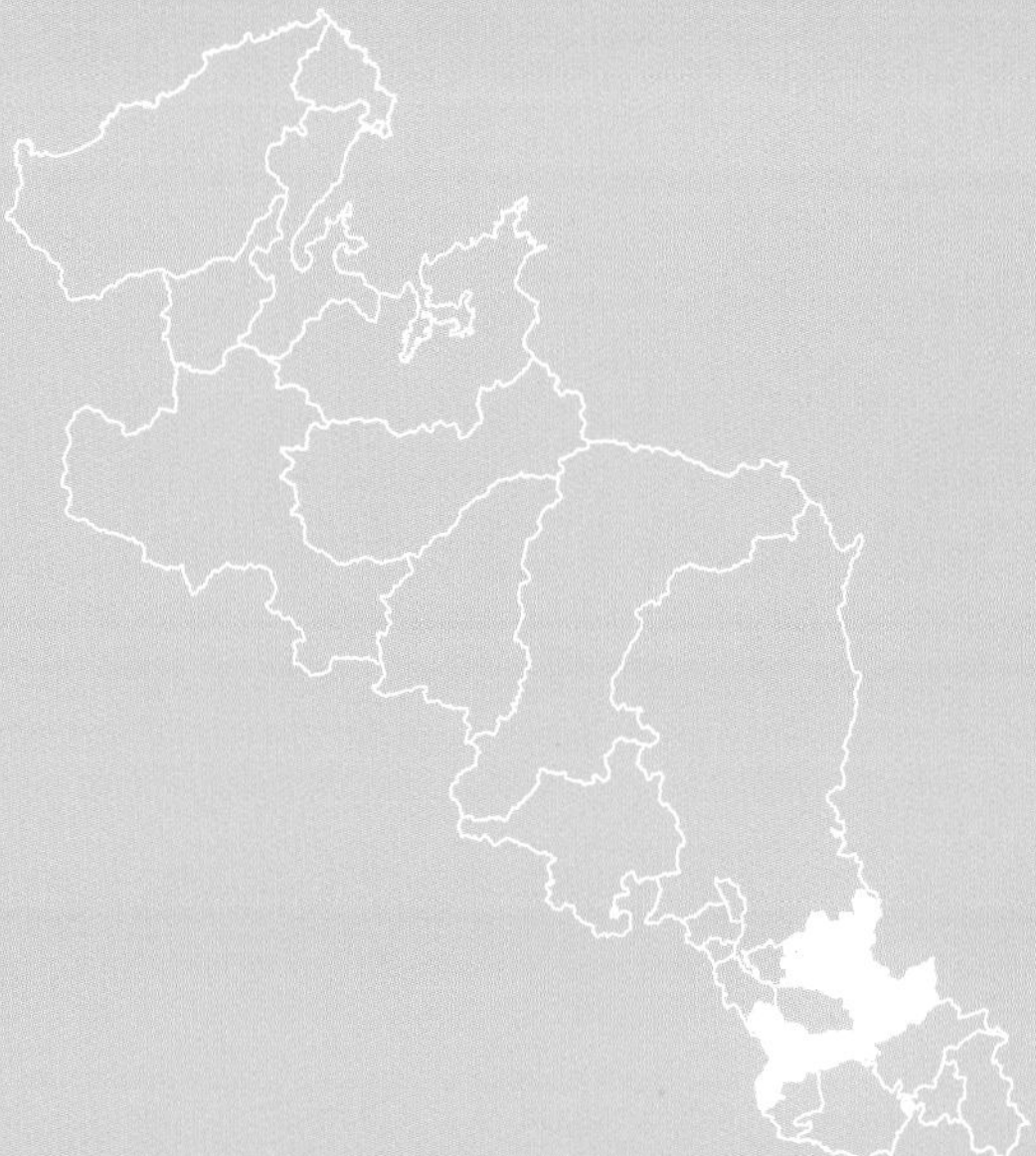

京都市の南のお隣、宇治市は日本を代表する高級茶「宇治茶」の産地として有名です。宇治で茶栽培が始まったとされるのは、13世紀初め。自然条件に恵まれていたことなどから急速に広まったと言われています。もちろん今も、日常生活にお茶の文化が息づいていて、まちを歩くと、数多くの製茶場や小売店があることに気づきます。宇治市内の小学校には、お茶が出る蛇口が設置されているのだとか。お茶とひと言で言っても、「煎茶」「玉露」「碾茶《てんちゃ》」「抹茶」といった種類があり、お茶として飲んだり、抹茶スイーツにしたり、料理に使ったり。シーンに合わせて使い分けています。

すぐきと干し桜えび

多彩な漬け物がある京都でも、すぐきの漬け物は、千枚漬け、しば漬けと並び〝京都三大漬け物〟と言われるくらいの定番。乳酸発酵の酸味がさわやかな味わいをいかしてアレンジした料理です。日本酒やワインなどのおつまみにも合いそう。

材料（3人分）

• すぐきの漬け物……1／2個
• 干し桜えび（無着色のもの）……大さじ2
• 青じそ……適量

作り方

1. すぐきの漬け物は葉の部分を切り落とし、3㎜幅くらいに切る。
2. すぐきの葉は細かく刻み、干し桜えびと混ぜ合わせる。
3. ①で②を交互にはさみ、ミルフィーユのように重ね、ラップで包んで冷蔵庫で半日以上置く。
4. 食べやすい大きさに切り、器に青じそを敷いた上に盛りつけて完成。

• できあがりを切るとき、ラップごと切ると形が崩れにくくなります。また、お好みでごま油をかけると、中華風の味わいになりますよ。

湯葉と牛肉のしぐれ煮

京懐石などで見かける湯葉。割れた湯葉が専門店で安く売られていることもあります。湯葉料理というと薄味のイメージが強いかもしれませんが、しぐれ煮のしっかりとした味つけでも、ごはんが進む一品に。湯葉の食感と、ほろほろとした牛肉がよく合います。

材料（作りやすい分量）

- 乾燥湯葉（割れたもの）……ふたつかみ分（約100g）
- 牛薄切り肉（脂身の少ない赤身）……150g

Ⓐ
- 砂糖……大さじ2〜3
- しょうゆ、みりん……各30cc
- 酒、水……各100cc

作り方

1. 乾燥湯葉を15分ほど水（分量外）につけて戻し、ザルにあげる。
2. 牛肉を食べやすい大きさに切っておく。
3. 鍋にⒶを入れて、強火にかける。ひと煮立ちしたら②を加える。
4. 牛肉に火が通って色が変わったら、中火にして①を加える。汁がなくなるまで煮たら完成。

- できれば砂糖は粗精糖《そせいとう》など、コクのあるものを使ってください。写真右側のようにお好みで仕上げに山椒の実や唐辛子を入れるなどしてもいいでしょう。左側の「じゃこ炊き」にする場合は、最後の工程で中火にしたときにじゃこ大さじ2を加え、煮立ったところに湯葉を入れてください。

れんこんまんじゅう

ホカホカあたたかい、冬におすすめのあんかけ料理です。すりつぶした豆腐に、すりおろしたれんこんを入れて生地を作り、彩りよく具材を合わせて揚げて椀物の具にします。口に入れると見た目以上にもっちり。この食感がたまらない冬の味です。

材料（4人分）

- 木綿豆腐……1丁
- れんこん（中くらいのもの）……1本
- 乾燥きくらげ……10g
- ゆでぎんなん……4個
- むきえび……4尾
- おろししょうがまたはわさび（どちらか一つでOK）……適量
- 三つ葉……適宜
- 菊の花びら……適宜
- 片栗粉……大さじ2

［あん］
- くず粉（または片栗粉）……大さじ1強

Ⓐ
- だし汁（かつおと昆布の合わせだし）……500cc
- 薄口しょうゆ……大さじ1
- みりん……大さじ1
- 酒……大さじ1

- サラダ油……適量

作り方

1. 木綿豆腐はしっかりと水切りしておく。
2. 乾燥きくらげはぬるま湯で15分以上戻し、刻む。
3. れんこんは皮をむいてすりおろし、ザルに上げて、水けを軽く切る（しぼりきらないこと）。
4. ボウルに①と③、片栗粉を入れてよく混ぜる。4等分し、それぞれの中心に②とゆでぎんなん、むきえびを入れて丸め、れんこんまんじゅうを作る。
5. 揚げ鍋にサラダ油を入れて、160℃に熱し、④を6〜7分、揚げる。きつね色になったらとり出し、油を切っておく。
6. あんを作る。小鍋にⒶを入れて沸騰させ、水で溶いたくず粉を入れて手早く混ぜる。とろみがついたら火からおろし、器に盛りつけた⑤にかける。
7. おろししょうがかわさびを⑥の上にのせ、あれば三つ葉や菊の花びらを飾って完成。

- 豆腐は必ず木綿豆腐を使ってください。あんは、とろみをつける前に一度味見し、薄い場合は調味料を足して調整しましょう。

鶏肉のゆずジャム焼き

料理やお菓子にゆずを使うことが多い京都。11月になると、店先にゆずが並び、「今年も自家製ポン酢を作った」という声がよく聞かれるほどです。ポン酢作りで大量に残るゆずの皮をジャムにして肉料理に。甘みと香りに加え照りもついて、手軽にごちそうになります。

材料（2〜3人分）

- 鶏肉（手羽先、手羽元など合わせて）……6本
- ゆずジャム……適量

Ⓐ
- おろししょうが……1かけ分
- しょうゆ……100cc
- 酒……100cc

作り方

1. Ⓐを混ぜ合わせ、調味液を作る。
2. ビニール袋に鶏肉と①を入れて、袋の口を閉じる。冷蔵庫で一晩寝かせ、漬け込む。
3. 250℃に予熱したオーブンで、②を15分ほど焼く。
4. オーブンから鶏肉をとり出し、ゆずジャムを塗る。今度は200℃のオーブンで、5分ほど焼き、表面がこんがりとしたら完成。

- あとでゆずジャムの甘さがプラスされるので、調味液の味つけは、しょうゆと酒、おろししょうがでシンプルにするのがおすすめです。

ゆずジャム

作り方

直径10㎝くらいのゆず5個分の皮を刻み、水にさらす（何度か水を替え、苦みを抜く）。鍋に水けを切ったゆずの皮と、グラニュー糖200gを入れ、弱火で皮に透明感が出てくるまで煮る。水分が減ってとろみが出てきたら、ゆずのしぼり汁80ccを加えて好みのやわらかさになるまで煮つめる。

万《まん》願《がん》寺《じ》とうがらしのカレーじゃこのせ

夏の京野菜として知られる万願寺とうがらしは、焼いてかつお節などをかけるのが定番の食べ方。カリカリのじゃことカレー風味で、ふだんと違うアレンジにすれば子どもにも好評だそうです。伏見とうがらしやししとうで作ってもおいしくいただけます。

材料(3人分)

- 万願寺とうがらし……10本
- ちりめんじゃこ……10g
- カレー粉……小さじ1
- 塩……適量
- サラダ油……小さじ2

作り方

1. 焼いたときはじけるのを防ぐため、万願寺とうがらしに軽く切り込みを入れる。
2. グリルなどで①を火が通るまで焼く。
3. フライパンを中火で熱し、サラダ油をひいてちりめんじゃこを炒める。
4. ちりめんじゃこがカリカリになったら、カレー粉と塩を加えてひと混ぜし、火を止める。
5. 器に②を盛りつけ、④をトッピングして完成。

- ちりめんじゃこは焦がさないよう気をつけながら、カリカリになるまで炒めること。

ぐじの昆布締め

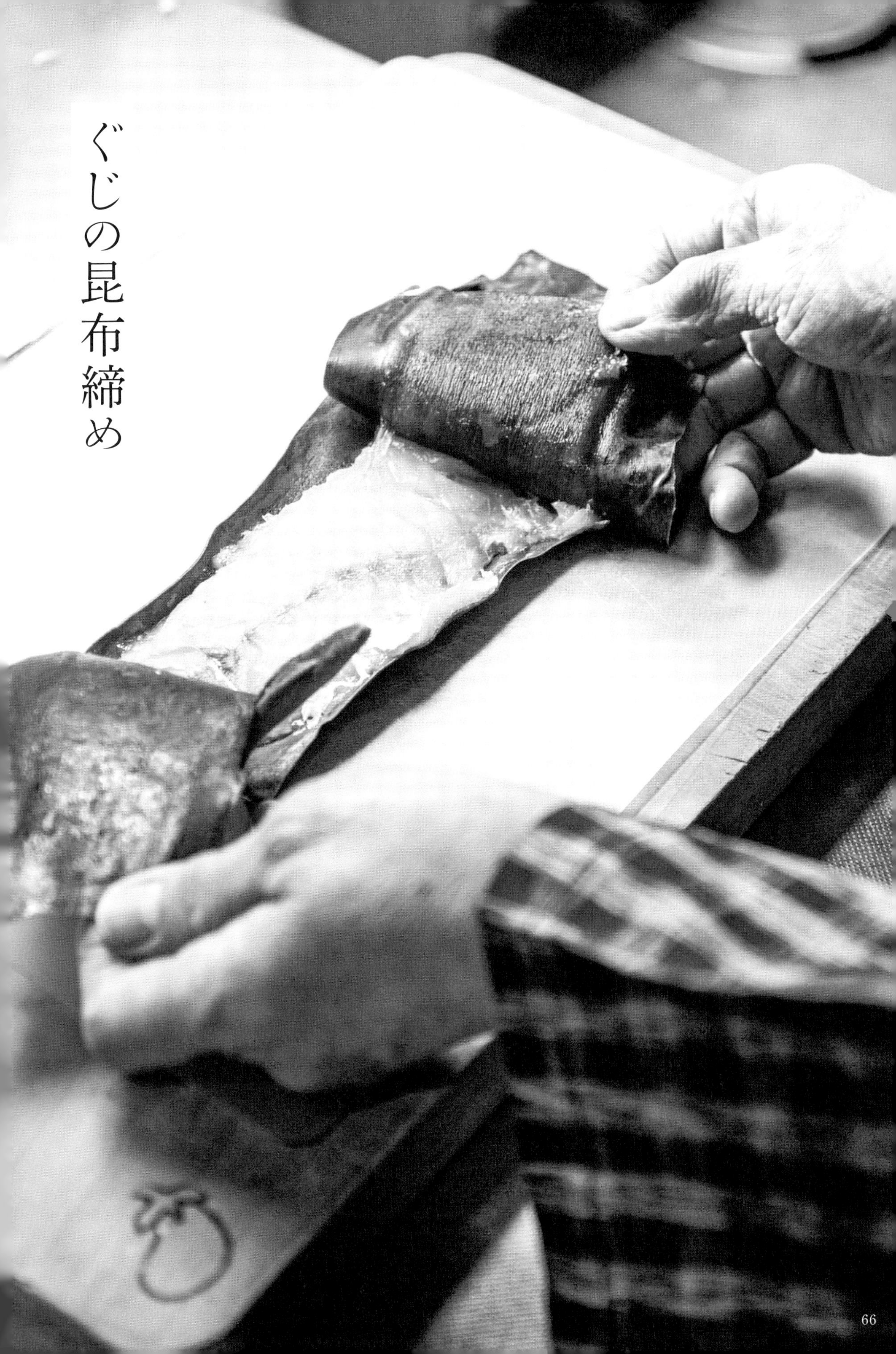

京都では、甘鯛のことを「ぐじ」と呼び、高級魚として、もてなしの席などには欠かせないそうです。この料理は、昆布の旨味とともに塩けも魚に移るので、シンプルにゆずをしぼって食べるのが一番。

材料(3人分)

- ぐじ……半身
- 板昆布(だし昆布)……適量
- ゆずまたはすだち……適量
- 青じそ……適量
- 穂じそ……適量

作り方

1. ぐじは、皮を除いて、刺身用のサクにする。
2. 板昆布で①をはさみ、ラップでぴっちりと包んで冷蔵庫で1時間以上置く(身が大きいものなら、3時間以上)。
3. ぐじから板昆布をはずし、好みの厚さに切る。器に盛りつけて、切ったゆずかすだち、青じそ、穂じそを添えたら完成。

- 鯛やひらめの切り身などの白身の魚で作ってもおいしくいただけます。

九条ねぎのお好み焼き

冬の京都の底冷えする寒さで、甘みとぬめりが増す九条ねぎを、たっぷり入れたお好み焼きは格別です。牛すじ肉とこんにゃくを甘辛く煮た「すじこん」を加えると食感の変化も楽しめます。厚めにふんわりと焼いてどうぞ。

材料(直径約12cmのもの2枚分)

- すじこん(ボイルした牛すじ肉と、炒ったこんにゃくを、砂糖、しょうゆ、酒、しょうがを加えて甘辛く煮込んだもの)……100gくらい
- 九条ねぎ……2本
- 紅しょうが、サラダ油、天かす、ソース、かつお節……各適量

Ⓐ
お好み焼き粉(市販のもの)……100g
卵……1個
水……100cc

作り方

1. 九条ねぎは、1〜2cmのざく切りにする。
2. ボウルでⒶを混ぜ合わせ、お好み焼きの生地をつくる。
3. ②に、①とすじこん、紅しょうがを加えて混ぜ合わせる。
4. 中火で熱したフライパンにサラダ油をひき、③の半量を流し入れる。底面に焼き色がついたら天かすをかけて裏返し、両面をこんがりと焼く。同様にもう1枚焼く。
5. 皿に盛り、ソースとかつお節をかけて完成。

- ソースは市販のものに、お好みでしょうゆとリンゴ酢を適量ずつ混ぜるのもおすすめです。あっさりとして、九条ねぎの甘みが引き立ちます。

碾茶《てんちゃ》のふりかけ

茶どころ宇治では、学校給食に〝茶飯〟が登場することもあるほど、子どもの頃からお茶が身近な存在。石臼《いしうす》でひくと抹茶になる碾茶は、渋みが少なく旨味が強いのが特徴。お茶にして飲むだけでなく、料理に使って香りも味も楽しんで。

材料（作りやすい分量）

- 碾茶……大さじ2
- 炒りごま……小さじ1
- 塩……大さじ1（焼き塩を作り、小さじ1程度使用）

作り方

1. 塩を耐熱容器に広げ、電子レンジ（600W）で40秒加熱し、焼き塩を作る。
2. 碾茶を指先でもみ、細かくなったら、①の焼き塩小さじ1程度と炒りごまを加えて混ぜ合わせれば、完成。おむすびにまぶすなどして食べる。

- 作り置きせず、そのつど作って、できたてを食べるほうが色も香りもよく、おいしくいただけます。使う塩は、海水塩のようなくせのないものが合います。

壬《み》生《ぶ》菜《な》の古漬けのチャーハン

漬け物に使われることも多い壬生菜。つい漬かりすぎて酸っぱくなってしまったものは、油で炒めると、酸味がやわらいでおいしくいただけます。豚バラ肉を、干しえびやちりめんじゃこに替えてもおいしいですよ。

材料（2人分）

- 冷やごはん……茶碗に軽く3杯分
- 豚バラ薄切り肉……100g
- 壬生菜の古漬け（刻んだもの）……大さじ5
- しょうが……1かけ
- 塩……適量
- しょうゆ……適量

作り方

1. 豚バラ肉は1cm幅くらいに切る。
2. フライパンを弱めの中火で熱し、①を入れ、塩ひとつまみをふってじっくり焼く。
3. 豚バラ肉から脂が出てカリッとしてきたら、みじん切りにしたしょうがを加えて軽く炒める。
4. しょうがの香りが立ってきたら、冷やごはんを入れて、中火〜強火で炒める。ごはんが炒まったら、よくしぼって水けを切った壬生菜の古漬けを入れて、サッと炒める。
5. 味見をして塩を加え、仕上げにしょうゆをまわしかけて完成。

- 漬け物に塩けがあるので、はじめに塩を入れすぎないようにしましょう。⑤で味見をしてから塩を足し、味をととのえるのが大切です。

海老いもの天ぷら

里いもと比べて大きく、大人のこぶしサイズのものもある海老いも。旬は11月〜1月で、京都ではおせち料理にもよく使われます。煮物にするととろけてクリーミーな食感に。おでんなどの煮込み料理に入れた海老いもを翌日、天ぷらにして食べても、味わいが変化して楽めます。

材料（2〜3人分）

- 海老いも（大）……1個
- 天ぷら粉（市販のもの）…適量
- 米粉…天ぷら粉の1／5量くらい
- 小麦粉……適量
- 米ぬか……1／2カップくらい
- 水……適量

Ⓐ
だし汁……500cc
砂糖……大さじ1
薄口しょうゆ、みりん……各30cc
酒……小さじ1／2

- サラダ油……適量

作り方

1. 海老いもは皮をむき、米ぬかを加えた熱湯で5分ほど下ゆでする（米ぬかがないときは、米のとぎ汁を使ってもよい）。
2. ①の海老いもの米ぬかをよく洗い落とし、1・5cm幅に切っておく。
3. 鍋にⒶを入れてひと煮立ちさせる。弱火にし、②を加えて煮る。竹串を刺してスッと通るまでやわらかくなったら火を止め、冷めるまで置く。
4. 天ぷら粉と米粉を混ぜ、水で溶いて衣を作る。
5. ③から取り出した海老いもの水分を拭き取り、小麦粉を軽くはたく。
6. 揚げ鍋にサラダ油を170℃に熱し、⑤を色よく揚げれば完成。

- ⑥ではあらかじめ煮たものを揚げるので、海老いもの中心があたたまれば大丈夫です。天ぷら粉に米粉を足すと、よりカラッと仕上がります。

黒豆のまめ煮

おせち料理の印象が強い黒豆も、根菜とともに甘さ控えめに煮ると、ふだんのおかずになります。〝真っ黒になるまで、しっかりと働けますように〟との願いをこめ、年中食べる家庭もあるとか。炊き方を加減して、好みでかたさを調節して。作り置きすれば、日々の食卓で箸休めに重宝しそうです。

材料（作りやすい分量）

- 黒豆……250g
- れんこん……1／2本
- にんじん（小さめ）……1本
- ごぼう（細いもの）……1本

Ⓐ
砂糖……50g
塩……小さじ1／2
しょうゆ……30cc
水……500cc

作り方

1. 鍋にⒶを入れて沸騰させる。火を止めて50〜60℃に冷めたら、洗った黒豆をつけ、半日ほど置く（常温でOK）。
2. れんこんは皮をむいてさいの目切りに、ごぼうは1cm厚さの輪切りにする。にんじんはいちょう切りにする（れんこん、ごぼう、にんじんはすべて黒豆と同じくらいの大きさに切る）。
3. 鍋に湯を沸かし、②をサッと下ゆでし、ザルにあげておく。
4. ①に③を加えて弱火にかけ、黒豆がやわらかくなるまで煮たら完成。

- この料理は、ある程度まとまった量を作るほうがおいしく仕上がります。

京田辺市や綴《つづ》喜《き》郡は、大阪や奈良にも近く、昔から交通の拠点として、さまざまな人と文化が行き交ってきました。雄大な生駒山系や木津川に抱かれた自然豊かな場所でもあります。比較的雨が少なく、晴れの日が多い穏やかな気候で、お茶の栽培が盛ん。また京田辺市の豊かな土壌で育った「京都田辺茄子」も特産品。肉質がやわらかくさまざまな料理に使われています。それから京田辺の有名人と言えば、一休禅師。市内には一休禅師が晩年を過ごした酬恩庵（一休寺）があり、一休寺納豆が作られ続けています。

なす田楽

京田辺市で栽培されているなすは「千両二号」という品種で、色つやがよく、みずみずしいのが特徴です。加熱調理しても、煮崩れしにくいので、煮物や形をいかした田楽にぴったり。味噌だれのほか、ポン酢やしょうゆでいただいても。

材料（4人分）

- なす……4本
- 味噌だれ……大さじ4
（味噌だれの作り方は、P86に掲載）
- サラダ油……大さじ2

作り方

1. なすを縦半分に切り、皮の表面に隠し包丁を斜めに入れる。
2. フライパンにサラダ油を入れ、なすの断面から、揚げ焼きのように焼く。
3. ②の焼き色がきつね色になったら、皮面も焼き、火を通す。
4. ③が焼きあがったら皿に並べ、味噌だれをのせて完成。

なすとにしんの炊いたん

暑さが厳しい京都。昔から、にしんを食べると夏バテしないと言われてきたとか。夏が旬のなすとにしんを合わせた定番のおかずがこちら。にしんは内臓を取り除き、干物にした「身欠きにしん」を使うのがポイント。にしんを米のとぎ汁につけると脂臭さが取れ、番茶で湯がくと身がやわらかくなります。

材料(4人分)

- 身欠きにしん……3本
- なす……4本
- 番茶……適量
- みりん……大さじ2
- 米のとぎ汁……にしんがつかるぐらい

Ⓐ
しょうゆ……大さじ4
砂糖……大さじ2
酒……大さじ2
水……2と1／2カップ

作り方

1. 身欠きにしんは水でよく洗って、米のとぎ汁に4～5時間ほどつけておく。
2. 身欠きにしんをとぎ汁からとり出し、番茶で30分ほどゆでてから、表面を水で洗う。
3. なすは縦半分に切り、皮の表面に斜めに細かく切り目を入れる。
4. ②を半分に切って、Ⓐとともに鍋に入れて煮る。
5. にしんに味がしみた頃に、みりんとなすを入れて中火で20分ほど煮たら完成。

なすのおひたし

京田辺市の特産品、なすを使った夏の一品。食欲が落ちたときにも、しょうがの風味をぴりりと効かせたおひたしなら、ごはんのお供にもお酒のあてにもついついお箸がのびます。しょうがの代わりにすった山椒の実を使ってもおいしくできます。

材料（4人分）

- なす……4本
- 白ごま……大さじ3
- 土しょうが……20g
- 濃口しょうゆ……大さじ2

作り方

1. なすは縦半分に切ってから、1cm幅に切る。
2. ①を水につけて、アクを抜く。なすをしぼって、水けをよく切る。
3. ②をやわらかくなるまで10分ほど蒸し器で蒸す。
4. ③のなすをとり出し、冷めたら水けを切る。
5. すり鉢ですった白ごま、すりおろした土しょうが、濃口しょうゆと④を和えたら完成。

卵やにんじん、三つ葉など具だくさんの巻きずしは、断面の彩りがよく、子どもたちにも人気のごちそう。油揚げとごまの風味にそそられて、食欲が進みます。ごまがポロポロと落ちないように、巻く時にしっかりと押さえましょう。

材料（4人分）

- 酢飯……300g
- 油揚げ……1枚（一般的な油揚げなら2枚）
- にんじん……1本
- 三つ葉……4〜5本
- 厚焼き卵……1／2本
- 焼き海苔……1枚
- 炒りごま……大さじ2
- 干ししいたけ…1枚
- かんぴょう……約18cm

Ⓐ
干ししいたけの戻し汁（※工程①でできるもの）……2カップ
砂糖……大さじ2
しょうゆ……大さじ1
みりん……大さじ2

Ⓑ
だし汁……1カップ
砂糖……大さじ2
しょうゆ……大さじ1
みりん……大さじ2

Ⓒ
砂糖……大さじ4
しょうゆ……大さじ3
みりん……大さじ1
酒……大さじ2

作り方

1. 干ししいたけは400ccの水に3〜4時間つけておく。軽く水けを切って軸をとり、Ⓐで煮汁がなくなるまで、煮つめる。
2. かんぴょうは水で湿らせて、塩（分量外）でよくもむ。塩を水で洗い流したあと、しばらく水につけておく。
3. ②をとり出して鍋に入れ、2〜3分ほどゆでたら、すぐに冷水で冷ます。やわらかくなるまで、Ⓑで煮る。
4. 油揚げは湯通しして油抜きをし、Ⓒで甘辛く煮る。冷めたら一枚の四角形になるように、横1辺を残して3辺の端に切り込みを入れて開く。
5. ③と④の残りの煮汁で、1cm×18cmの棒状の角切りにしたにんじんを煮る。三つ葉はサッとゆで、厚焼き卵は横半分に切る。
6. 巻きすの上に焼き海苔を置き、酢飯を焼き海苔の角まで平らに広げ、その上に炒りごまをふりかける。
7. ⑥の上にラップを広げ、ごまが飛び散らないようにラップの上から押さえてから、海苔が中面になるように、表裏をひっくり返す。
8. 海苔の上に④を広げ、その上に①、③、⑤の具を並べる。
9. ラップを巻き込まないように端から巻いていく。巻き終わりを下にして、30分ほど寝かせる。
10. ⑨をラップの上から8等分に切り、ラップを外す。お皿に盛りつけたら完成。

- 油揚げは湯通しする前に、すりこぎを横にして油揚げの上でコロコロと転がしておくと、開きやすくなります。

華ずし

ちらしずし

ひなまつりや地域のお祭りといった、たくさんの人が集まるときに欠かせないのがちらしずし。酢飯に入れる一つひとつの具にだしをしっかりとしみこませて丁寧に作ります。手間暇はかかりますが、その分、華やかさと味わい深さはひとしお。

材料(5人分)

- 米……3合
- 高野豆腐(戻し不要)……2枚
- 赤かまぼこ……2/3枚
- にんじん……1/2本
- きゅうり……1本
- ちりめんじゃこ……30g
- 干ししいたけ……4枚(20g)
- 紅しょうが……お好みの分量

Ⓐ
酢……80cc
砂糖……70g
塩……9g
うま味調味料……3g

Ⓑ
だし汁……2カップ
砂糖……大さじ2
みりん……大さじ1
薄口しょうゆ……大さじ1
塩……少々

Ⓒ
しいたけの戻し汁……1カップ
しょうゆ……大さじ1と1/2
砂糖……大さじ2
みりん……小さじ1
酒……大さじ1と1/2

Ⓓ
卵……6個
だししょうゆ……大さじ1/2
片栗粉……少々

- サラダ油……少々

作り方

［酢飯］

1. 米を洗ってザルにあげ、20分置いたら、3合よりやや少なめの水で炊く。
2. Ⓐを鍋に入れ、弱火にかけて砂糖を溶かす。砂糖が溶けたら火を止め、ちりめんじゃこを加える。
3. 炊きあがったごはんを桶に入れ、②を回しかけ、しゃもじで切るように混ぜる。

［具］

4. 飾り用のにんじんを型抜きする。残ったにんじん、赤かまぼこを細かく刻む。
5. 鍋にⒷを入れ、軽く沸かして、高野豆腐を弱火で10分煮る。
6. ⑤の高野豆腐をザルにあげ、冷ましてから細かく刻む。残った煮汁で、④を煮る。
7. 水で戻した干ししいたけの軸を落とし、薄切りにする。鍋にⒸを入れ、中火にかける。煮立ったら、干ししいたけを弱火で炒り煮にする。
8. きゅうりは薄切りにして、塩小さじ1（分量外）で塩もみする。軽くしぼって水分をとってから酢小さじ1（分量外）を加えて混ぜておく。
9. ボウルにⒹを入れてよく混ぜ、サラダ油をひいて熱した卵焼き器に少量ずつ流し入れて卵を焼いて錦糸卵を作る。

［盛りつけ］

10. ③の酢飯に、［具］で作った高野豆腐、赤かまぼこ、にんじんのみじん切りを加え、しゃもじでざっくりと混ぜる。
11. ⑩を器に盛り、［具］で作った、錦糸卵、型抜きにんじん、しいたけ、きゅうりをのせ、紅しょうがをあしらったら、完成。

一休納豆

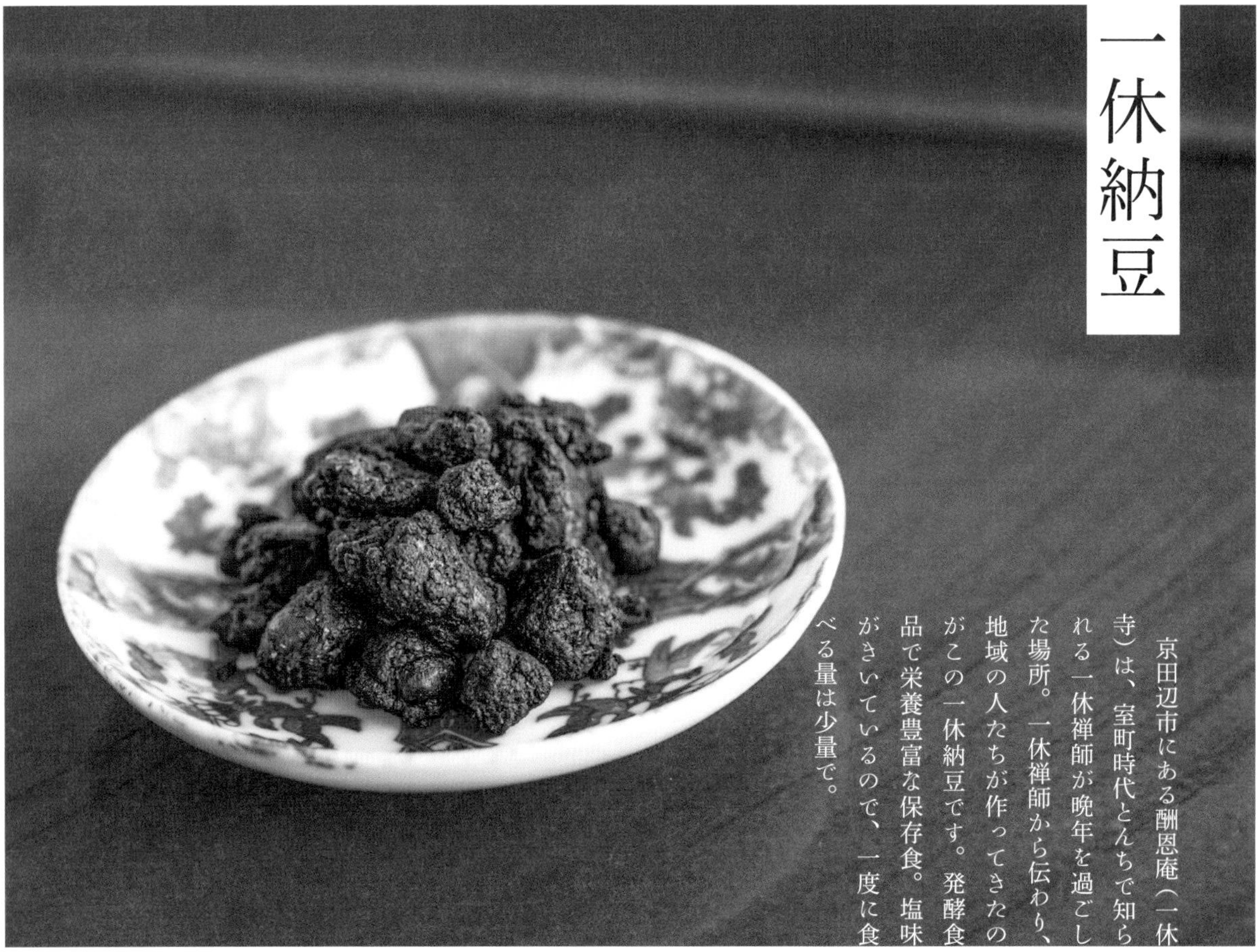

京田辺市にある酬恩庵（一休寺）は、室町時代とんちで知られる一休禅師が晩年を過ごした場所。一休禅師から伝わり、地域の人たちが作ってきたのがこの一休納豆です。発酵食品で栄養豊富な保存食。塩味がきいているので、一度に食べる量は少量で。

材料（作りやすい分量）

- 大豆……1・4kg（約一升）
- 麦……1・4kg（約一升）
- 種麹……50g
- 塩……550g
- 熱湯……4320cc

作り方

1. 大豆は一晩水につけておく。
2. ①の大豆を鍋に入れ、指でつぶれる程度に煮て、冷ます。
3. 麦は黒っぽくなるまでよく炒り、冷ましてからフードプロセッサーで砕いて、はったい粉を作る。
4. 種麹を③のはったい粉にふってよく混ぜる。
5. ②と④をよく混ぜて餅箱に入れて蓋をし、室内の暖かい所に置く。夜は毛布を掛けておくとよい。
6. 一昼夜すると、発酵した臭いがしてくるので、開けてみて白くカビが出たようになっていたらよい。ぬれた所ができていたら、発酵しすぎなのでうちわであおぐなどして、手早く冷ます。
7. 塩を桶に入れ、上から熱湯を注ぎ入れてかき混ぜる。
8. ⑦が冷めたら、⑥を入れる。
9. 1日1回（朝の涼しいうちがよい）、毎日かき混ぜ、日光によく当てる。1ヶ月もすれば食べられるまで乾く。

- 温度や湿度が大切なので夏の土用の時期に作るのがよい。1年ほど寝かせておけば、発酵が進んでよりおいしく食べられます。

みかんかりんとう

井手町の観光農園で規格外となってしまったみかんを利用できないかと考案されたのがこちら。みかんを丸ごと輪切りにして乾燥させたドライフルーツを使用して作ります。二度揚げすることで、サクサクとした食感が楽しめるお菓子に。

材料（作りやすい分量）

- 乾燥みかん（ドライフルーツ）……12g
- みかんジュース（果汁100%）……35cc
- グラニュー糖……適量
- 揚げ油（キャノーラ油）……適量

Ⓐ

薄力粉……100g
蒸しパンミックス……20g
牛乳……20cc
砂糖……10g
ベーキングパウダー……2g
サラダ油……少々

作り方

1. 乾燥みかんを刻んでフードプロセッサーにかける。
2. ①にみかんジュースを混ぜる。
3. ボウルにⒶと②を加えて、しっかりと混ぜる。
4. ③をフードプロセッサーにかけて生地を作る。
5. ④をラップに包んで、2時間ほど寝かせる。
6. ⑤の形を平たく整えてから綿棒でのばす。包丁で棒状に切る。
7. 180℃に熱したキャノーラ油で軽く揚げる。
8. ⑦を一度冷ましてから、再び180〜200℃で揚げる。
9. ⑧に完全に火が通ったらあげて、グラニュー糖をまぶして完成。

味噌だれ

米作りが盛んな地域では、自家製のお米から米麹をつくり、味噌も作っている人も。手作り味噌を使ったこのたれも、その家の味です。野菜につけたり、ごはんの上にのせたりと便利な一品。すりごまと炒りごまの両方を加えて、香り豊かに。

材料(作りやすい分量)

- 炒りごま……100g
- 味噌……400g
- 砂糖……300g
- みりん……150cc
- 酒……150cc

作り方

1. 鍋にごま全量を入れ、弱火でじっくりと炒る。
2. ①のうちごま50gを、粉状になるまですりこぎでする。
3. 味噌、砂糖、みりん、酒を混ぜ合わせ、ミキサーにかけてペースト状にする。
4. ③を鍋に入れ、焦げつかないように中火~弱火で、約20分ほど煮つめる。
5. 弱火にして、④に②のすりごまを加え、しゃもじで混ぜ合わせる。
6. 火を止め、残りのごま50gを加えてよく混ぜたら完成。

山菜おこわ

もち米特有のもちもちとした食感のなかに、たっぷり入れた山菜が顔を出すおこわ。山菜の風味を引き立たせるために味つけはシンプルに。紅しょうがや南天の葉を飾ると見た目にも華やか。同じく秋の味、栗をちりばめればより豪華に。

材料(5人分)

- もち米……3合
- にんじん……70g
- ごぼう……70g
- わらび……70g(10本くらい)
- たけのこ……70g
- 季節の具材(栗・グリーンピースのゆでたもの)……適量
- 干ししいたけ……70g(中4枚くらい)
- 南天・紅しょうが……適宜

Ⓐ
砂糖……小さじ2
濃口しょうゆ……大さじ1
薄口しょうゆ……大さじ1
酒……大さじ1と1／2
和風顆粒だしの素……1g
塩……少々
水……35cc

Ⓑ
砂糖……大さじ1
濃口しょうゆ……大さじ1と1／2
酒……大さじ1と1／2
塩……少々

作り方

1. もち米は洗って一晩水につけておき、ザルにあげて水を切る。
2. 干ししいたけは水で戻して、せん切りにする。にんじん、ごぼう、わらび、たけのこは、2cmほどの大きさに切る。
3. Ⓐを鍋に入れ、②を煮る。煮汁が半分ぐらいの量になったら火を止める。
4. ①を蒸し器に入れ、強火で20分蒸す。
5. 桶に④を入れ、③の具材と煮汁、Ⓑを加えて混ぜる。
6. 再び⑤を蒸し器に入れ、強火で20分蒸す。
7. ⑥を器に盛りつけて栗やグリーンピースを散らし、お好みで南天や紅しょうがを飾って完成。

よもぎ団子

濃く、きれいな緑は、たっぷり入っているよもぎの色。摘んできたばかりのフレッシュなよもぎを使えば、香り豊か。いい香りに誘われて、「もう一個！」と食べる手が止まらなくなる。編み笠模様は型がなければ凸凹のある器などでつけて。

材料（約20個分）

- 米粉……200g
- もち粉……50g
- よもぎ……250g（ゆがく前のもの）
- あん……300g
- 砂糖……40g
- 塩……小さじ1／2
- 熱湯……200cc

作り方

1. よもぎは葉だけをちぎってよく洗う。
2. 沸騰させた熱湯1000cc（分量外）に対し、重曹小さじ1／2強（分量外）を入れ、よもぎをゆがく。
3. よもぎを冷水にさらし、アクを十分に抜く。
4. ③をフードプロセッサーにかけて、水けをしっかりとしぼる。
5. あんを20等分（1個15g）して、俵形に丸めておく。
6. 米粉、もち粉、砂糖、塩を混ぜ合わせておき、熱湯を少しずつ振り入れ、全体に湿る程度に木べらでよく混ぜてから、手でこねる。
7. ⑥を半分ずつに分け、火が通りやすいように平らに押し広げて蒸し器に入れ、強火で25分蒸す。
8. 蒸しあがった生地をボウルに移して④を加え、全体がよもぎ色に変わるまでこねる。
9. ⑧を20等分し、ピンポン玉くらいの大きさにしてから丸める。
10. ⑨に器などで編み笠のような模様をつけながら押して、円形に平たく広げる。
11. ⑩にあんをのせて包み、形を整えたら完成。

3章

南丹

―亀岡市―

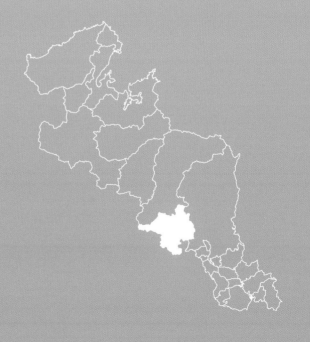

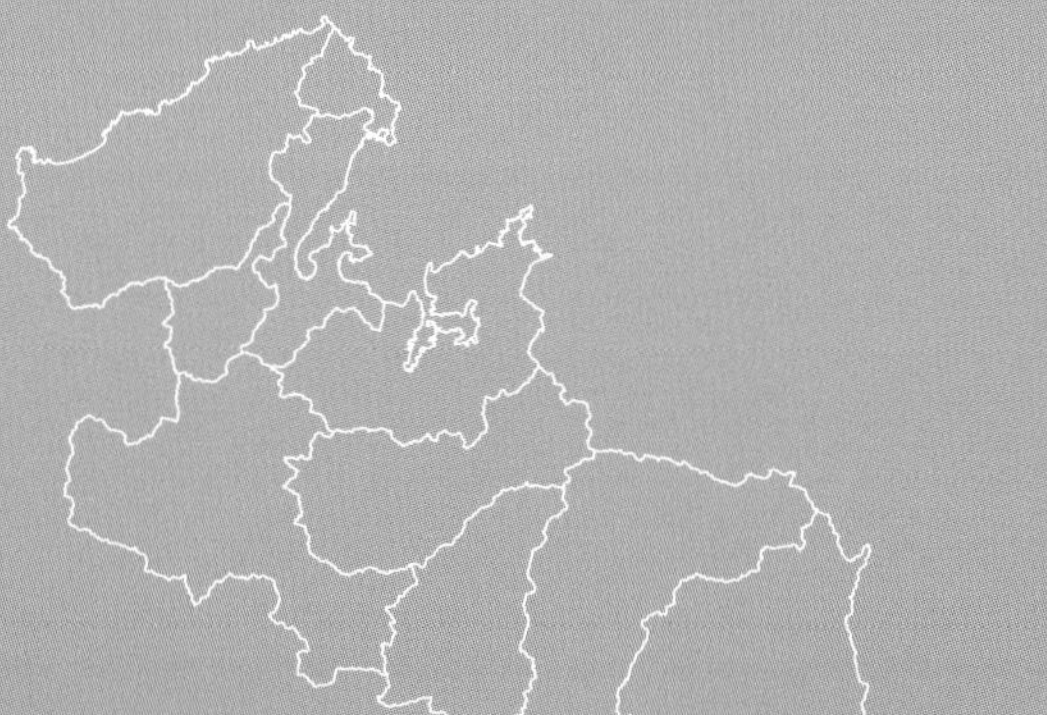

亀岡市は山々に囲まれた亀岡盆地の中央を大堰川《おおい》が流れる自然豊かなまちで、「京の奥座敷」とも呼ばれています。秋から春にかけては盆地に霧が発生して、雲海のような幻想的な景色が見られることも。歴史は古く、奈良時代から丹波国分寺・国分尼寺が置かれて、豊穣の地として知られてきました。今や市街地には大型店が立ち並びますが、少しそれると田畑が広がり、米や野菜がたくさん作られています。ブランド牛の亀岡牛も人気です。歴史と豊かな食材を受け継いだ家庭の味が、今日も食卓に上ります。

紅白なます

保存食として作られる干し柿をアクセントにした紅白なます。冬の常備菜でもある大根とにんじんをたっぷりと使い、甘酢の酸味と柿の甘みが楽しめます。正月料理の一品としてはもちろん、普段の食卓にも登場します。

材料(2人分)

- 大根……4㎝ぐらい(100g)
- にんじん……1/2本(70g)
- 干し柿……中1個
- 砂糖……大さじ3
- 酢……大さじ4
- しょうゆ……少々
- 塩……少々

作り方

1. 大根、にんじんはせん切りにして塩をまぶしてもみ、しぼっておく。干し柿もせん切りにしておく。
2. 砂糖、酢、しょうゆを合わせておく(砂糖が溶けない場合は軽く火を通してもOK)。
3. ②に①を混ぜ合わせて、器に盛って完成。

- 干し柿は細く切りすぎないのがコツ。さっくりと混ぜて干し柿の甘みも感じてください。

冬瓜のおつゆ

夏に旬を迎える冬瓜ですが、長期保存ができるため、冬にお目見えすることも。とろ～りとしたあんとの相性がよく、まろやかな味わいに仕上げれば、ホッとする椀物になります。あっさりと食べやすく、すりおろしたしょうががよいアクセント。京都の寒い冬、冷えた体をあたためてくれる優しい味。

材料（2人分）

- 冬瓜……150g
- すりおろししょうが……小さじ2
- 三つ葉……適宜
- 片栗粉……大さじ1

Ⓐ
だし汁……2カップ
しょうゆ……大さじ1と1/2
塩……少々

作り方

1. 冬瓜は皮をむいて5cm程度の乱切りにしておく。
2. 鍋にⒶと①を入れて火にかけ、煮立ったら弱火にして冬瓜に火が通るまで煮る。
3. ②におろししょうがを入れる。
4. 片栗粉を水50cc（分量外）で溶き、③に入れてひと煮立ちしたら完成。器に盛りつけ、お好みで三つ葉を浮かべる。

- 冬瓜の味を楽しむには、少し薄味で調整するのがおすすめです。鶏ひき肉をだし汁で煮て冬瓜にのせるとおかずにもなります。

小松菜とお揚げの炊いたん

旬の葉ものを炊き物にして食卓に登場させれば、季節の変わり目のお知らせにもなります。小松菜と油揚げを一緒に軽く煮て、苦みもほんのり感じられる一品に。しっかりと煮込むより短時間で仕上げることで、小松菜の歯ごたえも楽しめます。

材料（2人分）

- 油揚げ……1枚
- 小松菜……2束

Ⓐ
- だし汁……2カップ
- みりん……大さじ1
- しょうゆ……大さじ1

塩……少々

作り方

1. 小松菜はサッとゆがいて水けを切る。約5cm長さに切り、茎と葉の部分とに分けておく。
2. 油揚げは熱湯をかけて油抜きし、約1cm幅に切る。
3. 鍋にⒶを入れて煮立たせ、①の茎部分と②を入れて味がしみ込むまで弱火で煮る。
4. ③に①の葉の部分を加え、サッと煮たら火を止めて完成。

- 小松菜の苦みが気にならない場合はゆがかずに、直接鍋に入れて味つけをしてもかまいません。

万願寺とうがらしの炊いたん

夏の常備菜として定番の万願寺とうがらしの炊いたん（煮物）。一度にたくさん作って冷蔵庫で保存している家庭も多いそうです。甘辛い仕上がりで、とうがらしの辛みも程よいアクセントになる一品に。酒の肴に、ごはんのお供としても重宝します。

材料（4人分）

- 万願寺とうがらし……800g
- かつお節……5g
- Ⓐ
  - 砂糖……大さじ5
  - しょうゆ……大さじ5
  - 酒……80cc
  - 和風顆粒だしの素……8g
- サラダ油……大さじ1

作り方

1. 万願寺とうがらしの種を取り、食べやすい大きさに切る。
2. 鍋にサラダ油をひいて中火にかけ、①を入れて炒める。
3. 万願寺とうがらしがしんなりとしたらⒶを入れ、中火のままで炊く。
4. 万願寺とうがらしがやわらかくなったら強火にして水分を飛ばし、火を止める。かつお節を混ぜれば完成。

- かつお節の代わりにじゃこを使っても美味。万願寺とうがらしがくたくたになるまで時間をかけ、水分がなくなるまで炊いてください。

えんどう豆の卵とじ

春から初夏にかけて実るえんどう豆をたっぷりと使った料理。卵の黄色とえんどう豆のグリーンがさわやかで、食卓に華を添えてくれます。ふっくらとしたえんどう豆と卵のほんのりとした甘さの組み合わせは、子どもが大好きな味です。

材料（2人分）

- 卵……4個
- えんどう豆……100g
- 砂糖……大さじ4
- しょうゆ……小さじ1
- 和風顆粒だしの素……4g

作り方

1. 鍋にえんどう豆とひたひたになる程度の水（分量外）を入れて火にかけ、一度沸騰させる。
2. ①に砂糖、しょうゆ、顆粒だしを入れて、えんどう豆がやわらかくなるまで炊く。
3. 溶き卵を②に加え、全体を混ぜ合わせ、鍋に蓋をして弱火で固まるまで加熱する。好みの大きさに切って器に盛ったら完成。

- だし汁で炊くときは、えんどう豆に味がしみ込むまで炊くと、卵でとじたときにしっかりと豆の味が感じられます。

とり貝ずし

8月14日に行われる「佐伯灯籠」のときに食べられるおすしです。ごはんを男性、とり貝を女性に見立て、夫婦和合の意味合いから、子孫繁栄や五穀豊穣の願いも込められています。とり貝の甘みと酢飯の酸っぱさが、夏でも食べやすい味です。

材料（16個分）

- 米……2合
- とり貝（干したもの）……16枚
- 黒炒りごま……適量

Ⓐ
砂糖……80g
しょうゆ……大さじ4
みりん……少々

Ⓑ
昆布茶……少々
酢……大さじ4
砂糖……大さじ4
塩……少々

作り方

1. とり貝を水で軽く洗い、沸騰したお湯に入れてやわらかくなるまでゆでる。
2. 鍋にⒶと①を入れて味がしみ込むまで弱火にかける。粗熱がとれたら、とり貝の真ん中に切り目を入れておく。
3. 米を炊き、合わせておいたⒷを混ぜ合わせ冷ましておく。
4. ③をひと口サイズの円錐形に軽くにぎる。
5. ②のとり貝を一枚ずつ、酢飯の上にのせる。
6. 黒ごまをふりかけて完成。

- とり貝の切り目にごはんを入れるようにのせましょう。とり貝には②の煮汁をしっかりとつけてください。

かしわのすき焼き

材料(4人分)

- 地鶏……400g
- 豆腐……1/2丁
- たまねぎ……2個
- 白ねぎ……2本
- すき焼き麩……20g
- 糸こんにゃく……1パック
- 卵……4個(お好みで)
- Ⓐ しょうゆ……150cc
  酒……50cc
  砂糖……100g
  水……100cc
- サラダ油……大さじ3

作り方

1. 地鶏と豆腐は食べやすい大きさに切り、たまねぎはくし切り、白ねぎは斜めに切っておく。すき焼き麩は水で戻し、水けをしぼっておく。糸こんにゃくは下ゆでをする。
2. サラダ油をひいた鍋を強火で熱し、まず①の地鶏を炒める。地鶏の表面に焼き目がついたら①の残りの材料とⒶを入れて煮る。材料に火が通ったら完成。溶き卵をつけていただく。

- 地鶏に脂身がある場合はサラダ油の代わりに使うと、鶏肉の旨味がさらに感じられます。

地鶏や亀岡産のたまねぎなど、たくさんの具材を鉄鍋に入れて、しょうゆと砂糖などで甘く炊く「かしわのすき焼き」。家族で集まって皆でわいわいと鍋を囲むのも楽しい時間です。残ったら白飯やうどんを入れて味をしみ込ませて食べるのも楽しみです。

編み笠団子

木型をもちの表面に押しつけて編み笠模様をつけ、あんをはさんだお団子です。春のお彼岸に、まだ小さくやわらかいよもぎの葉を摘んで、このお団子を作りご先祖様にお供えします。木型は代々受け継がれていて、家によって木型の柄が違うことも。写真は麻の葉模様。赤ちゃんが元気に成長するようにとの想いが込められているそうです。

材料（10個分）
- 米粉……300g
- もち粉……200g
- よもぎ（葉のみ）…20g程度
- つぶあん……350g
- きな粉……適量
- 熱湯……200cc〜
（生地のかたさによって調整）

作り方

1. 米粉ともち粉をボウルに入れて混ぜ合わせ、熱湯を2〜3回に分けながら入れる。熱湯は生地が耳たぶ程度のかたさになるまで入れ、しっかりとこねる。
2. ①を適当な大きさ（4〜5等分）にちぎって蒸し器で20分ほど蒸す。
3. よもぎをサッとゆでて細かく刻み、すりこぎですっておく。
4. もちつき機に蒸しあがった②と③を入れ、まんべんなく緑色になるまでつく。
5. ④を約50gずつに丸め、木型に押しつけながら楕円形に平たく広げる。
6. 木型から外して内側につぶあんをのせて包み、きな粉をかけて完成。

- 木型はもちを押しつける前に、水で濡らしておくときれいにはがれやすくなります。

小いものゆず味噌田楽

ひと口でパクッと食べやすい小ぶりの里いもをほくほくに蒸してゆず味噌をたっぷりとかけて田楽風に。冬のはじめ、ゆずが庭の木にたわわに実ると、ゆず味噌支度の知らせをしてくれるようです。ゆず味噌は多めに作って冷蔵庫に常備しておくと便利です。

材料(2人分)

• 里いも(小ぶりのもの)……10個程度

Ⓐ ゆず味噌
(作りやすい分量)

ゆず……5個
白味噌……1kg
砂糖……650g
酒……50cc

作り方

1. 里いもは皮のまま蒸し器で20分程度蒸す。
2. Ⓐのゆずの皮はすりおろし、3個分だけ汁をしぼっておく。
3. 鍋に白味噌、砂糖、酒、②を入れて、15~20分弱火にかける。
4. ①を器に盛り、③のゆずみそを適量かけて完成。

• ゆず味噌はたっぷりとかけるのがおすすめです。ふろふき大根、なす、五平もちなどに使ってもおいしくいただけます。

納豆もち

納豆をもちで包んだもので、京都市の京北地区や南丹市でも古くから食べられています。なかには自家製の納豆を使う家もあるそうです。正月や祝いの席で食べられることが多く、家族団らんで、パクッとほおばる姿が目に浮かびます。

材料（2個分）

- 切りもち……2個
- 納豆……50g
- 塩……少々
- きな粉……適宜

作り方

1. もちをオーブントースターで軽く焼く。
2. もちがやわらかくなったら、きな粉を敷いたバットに置いて、たたいてのばす。
3. 納豆に塩を入れて混ぜる。
4. ②に③を置いて包み、お好みできな粉をかけて完成。

- オーブントースターを使うときは、もちを軽くあたためる程度でOK。もちがやわらかいうちに調理しましょう。

ほうれん草とにんじんの間引き菜の和え物

にんじんの収穫時期を迎える少し前、間引いたにんじんの葉を使って作る和え物。ほんのりとした苦みはごまと和えるとやみつきになります。間引いたときににんじんがついていたら一緒に和えてもかまいません。ほうれん草の青々しさもこの時期ならではです。

材料（2人分）

- ほうれん草……1束
- にんじんの葉……少々
- 砂糖……少々
- しょうゆ……大さじ3
- すりごま……大さじ3

作り方

1. 鍋でほうれん草とにんじんの葉をゆで、2cm程度に切っておく。
2. ボウルに砂糖、しょうゆ、すりごまを入れて合わせておく。
3. ①の水けをしっかりと切り、②に加えて混ぜたら完成。

- ほうれん草、にんじんの葉はやわらかいため、ゆで時間は短めにしましょう。しっかりと水けを切って和えると、味がしみ込みやすくなります。

4章

中丹

―福知山市／綾部市／舞鶴市―

福知山市は、戦国武将・明智光秀が築いた福知山城を中心に栄えた城下町。由良川が流れ、山陰道が通っていることから古くから水陸の交通の要衝として、また北近畿エリアの商業拠点としてにぎわってきた歴史を持ち、今も再建された福知山城の天守がまちの発展を見守っています。商業だけでなく、農業も広く行われ、お米、野菜のほか果樹栽培も盛んです。特に名産の丹波くりを使ったスイーツなどが人気を博しています。また、福知山と言えば、大江山の酒呑童子伝説で知られていて、近年の鬼ブームでも注目されています。

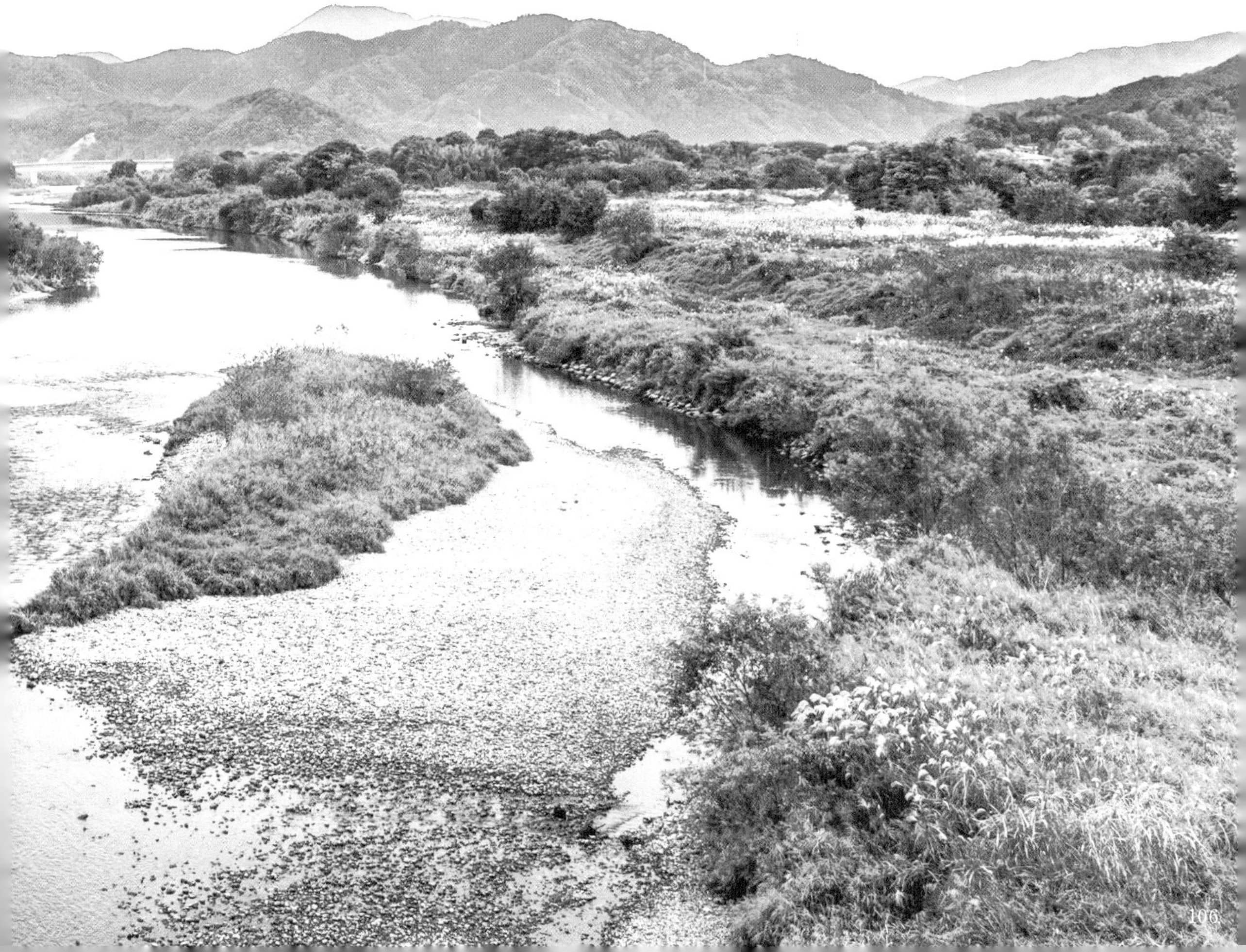

けんちゃん

根菜たっぷりの汁物「けんちん汁」を、福知山地方では「けんちゃん」と呼びます。野菜のほか、豆腐、油揚げ、ちくわとさまざまな素材が入っていて、この一杯でお腹を満たしてくれる食べ応えです。それぞれの具材から出るしっかりとした旨味が織りなす優しいハーモニーが体にしみ渡ります。

材料（4人分）

- ちくわ……1本
- 油揚げ……1／2枚
- 豆腐……1／2丁
- 大根……約6cm（150g）
- にんじん……約3cm（30g）
- ごぼう……約7cm（30g）
- こんにゃく……1／3枚
- 里いも……2個（90g）
- ねぎ……少々
- Ⓐ だし汁……3と1／2カップ
  しょうゆ……大さじ2
  みりん……大さじ2
  酒……大さじ1
- サラダ油……小さじ2と1／2（10g）

作り方

1. 大根は拍子切り、にんじんはいちょう切りに、ちくわは輪切りにする。
2. ごぼうは皮をこそげてそぎ切りにし、水にさらしてアクを抜く。
3. 油揚げは熱湯にサッと通し、短冊切りにする。
4. こんにゃくはゆがいて、短冊切りにする。
5. 里いもは、塩でもみ洗いして、サッとゆでる。
6. 豆腐はひと口大に切る。
7. 鍋にサラダ油を入れ、⑥の2／3の量を軽く焼き目がつくまで炒める。そこに①〜⑤をすべて入れ、しなっとするまで炒める。
8. ⑦にⒶを加えて煮込む。残りの豆腐を入れて、火が通ったら器によそってねぎを加え、完成。

- 豆腐は分けて入れることで、食感の違いを楽しむことができます。

栗の渋皮煮

福知山市で収穫される「丹波くり」は、平安時代から栽培されていたと伝わる特産品。粒が大きく実もしっかりして、香りがよいのが特徴です。ほくほくした実だけでなく渋皮の風味も味わう渋皮煮は、少し手間がかかりますがその分おいしさは倍増。

材料（作りやすい分量）

- 栗……1kg（20～30個）
- 番茶……ふたつまみ（2回分）
- 重曹……大さじ2（2回分）
- 砂糖……300g

作り方

1. 栗は一晩水につけてやわらかくし、渋皮に傷をつけないように丁寧に皮をむく。
2. 鍋に①を入れ、1300ccぐらいの水（分量外）に重曹大さじ1と番茶ひとつまみを加え、一度沸騰させてから弱火にして10分ほどゆでる。
3. ゆで終わったら、②のゆで汁を静かに捨て、②と同様にたっぷりの水に残りの重曹と番茶を加え、再び弱火で栗を10分ゆでる。
4. ③の火を止め、ゆで汁は捨てずに、鍋に少しずつ水を加えて、ゆっくり栗を冷ます。
5. 栗が傷つかないようにやさしくとり出し、渋皮に筋などがついていたら取り除く。鍋にたっぷりの水と栗を入れて火にかけ、一度沸騰させてから弱火にして10分ほどゆでる。
6. 火を止めて、湯が冷めるまで置いておく。
7. 冷めたら、ゆで汁を捨て、アクが抜けるまで水にさらす。水が澄んで、濁りがなくなったらOK。
8. ⑦に栗がかぶるくらいの水と砂糖を加えて加熱し、一度沸騰させてから弱火で10分ほど煮る。
9. 火を止めて一晩置き、翌日に弱火であたためたら完成。

- 仕上げにしょうゆを少し入れるとコク、ブランデーを入れると香りが高くなります。ゆでるときや湯を捨てるときに栗が傷つかないように、気をつけて調理しましょう。

黒豆ジュース

黒豆を煮るときに残った煮汁を無駄にしないようにと、農家に代々伝えられてきたレシピ。きれいな赤紫色のジュースは、子どもたちにも人気です。濃く作った原液を水で4〜5倍に薄めて飲みます。炭酸や牛乳で割ってみると、味わいが変わって楽しめます。

材料(作りやすい分量)

- 黒豆……1カップ(150g)
- グラニュー糖(砂糖でも可)……150〜250g(お好みで加減する)
- クエン酸……小さじ2〜3
- 水……5カップ

作り方

1. 黒豆をよく洗い、水を入れて20分ほど煮る。
2. 黒豆と煮汁に分ける。
3. 煮汁にグラニュー糖を入れて溶かす。少し冷めてからクエン酸を入れたら完成。

- クエン酸がなければ酢(約100cc)で代用してもかまいません。

海老いもとたらの炊き合わせ

縞模様でえびのようにカーブした形が特徴的な海老いもは、京都の冬のお楽しみ食材の一つ。きめが細かく、煮崩れしにくいので煮物向きです。棒だらと一緒に煮た「いもぼう」が有名ですが、切り身と合わせても味を引き立て合って美味。

材料(4人分)

- たらの切り身(生)……4切れ
- 海老いも……8個
- だし汁……8カップ

Ⓐ
濃口しょうゆ……40cc
薄口しょうゆ……40cc
みりん……1/4カップ
砂糖……大さじ3

作り方

1. たらの切り身を沸騰した湯にくぐらせ、臭みを抜く。
2. 海老いもは厚く、形よく皮をむいて下ゆでしておく。
3. ②を鍋に入れ、だし汁でやわらかくなるまで煮る。
4. ③に①を入れ、Ⓐを加えてしっかりと煮含めたら完成。

- 海老いもが出回っていない時期には、里いもで代用してもおいしくできあがります。

とうがらしの葉の佃煮

鮮やかな緑のとうがらしの葉を佃煮に。ピリリとした辛みがクセになる大人の味で箸休めにぴったり。京都市でもよく作られる料理で「きごしょ」や「きごしょう」と呼ばれています。葉に交じって小さなとうがらしの実が入っているのはご愛敬。

材料(作りやすい分量)

- とうがらしの葉……750g
- ちりめんじゃこ……75g

Ⓐ
濃口しょうゆ……110cc
みりん……20cc
和風顆粒だしの素……10g
酒……少々

作り方

1. とうがらしの葉をサッとゆがき、冷水にさらしてアク抜きをする。
2. ①の水けをしっかりとしぼり、細かく刻む。
3. Ⓐとちりめんじゃこを鍋に入れ、ひと煮立ちさせたら、②を加える。
4. 弱火で汁がなくなるまで煮つめ、最後に酒(分量外)をふりかけたら、完成。

・ちりめんじゃこは味つきのものでもかまいません。とうがらしの葉をゆでるとアクが出るため、必ずゆがいてから冷水にさらすようにしてください。

福知山市

こんにゃく

お店で手軽に購入できるこんにゃくは、手作りすれば味わいも食感も格別。できたてなら、刺身で食べられるほどみずみずしく、臭みも感じられません。透き通るようにきれいな色合いも、食欲をそそります。昔は地下の貯蔵庫で保管し、保存食として重宝されていたそう。

材料（約15個分）

- こんにゃくいも……1kg
- 水（ゆで汁用）……3000cc
- アク……300cc

［アク］

1. 黒大豆の豆ガラを燃やして灰（700g）をとる。
2. ボウルの上に布を敷いたザルをセットし、①の灰を入れる。
3. ②に熱湯（2800cc）をかけて、ゆっくりとアクが下がるのを待つ。
4. この分量で1000ccのアクがとれる。

※きれいなビンに詰めて冷暗所で保存する。

※そばがらでアクを作る場合はアレルギーに気をつけてください。

作り方

［こんにゃく］

1. こんにゃくいもはよく洗い、芽をとって、4〜6等分にする。

2. 鍋に水と①のこんにゃくいもを入れ、竹串が通るくらいやわらかくなるまでゆでる。

3. こんにゃくいもをとり出して皮をむく。ゆで汁は捨てずに残しておく。

4. ③と③の少量のゆで汁（ペースト状になるくらい）をミキサーに入れてすりつぶす。全量を一度にできない場合は、何回かに分けてすりつぶす。

5. ④をボウルに出し、残りのゆで汁を入れ、よく混ぜる。ゆで汁はここで使い切る。

6. ⑤にアクを2回に分けて入れ、手早くしっかり混ぜる。

7. 一時間弱、そのまま休ませる（徐々に固まってくる）。

8. 手にアクをつけながら、⑦を適当な大きさ（約150g）に丸める。

9. 煮立つ寸前の湯に⑧をそっと入れ、沸騰させないよう火加減を調節して1時間ほどゆでたら、完成。

• アクは水酸化カルシウム（9g）で代用することもできますが、アクの方がおいしくできあがります。

新しょうがの甘煮

10月の半ばに収穫される、みずみずしくてやわらかい新しょうがを甘辛く煮物に。やや濃い味わいがごはんのお供や、お酒のあてにぴったり。体の中からポカポカあたたかくなるので、ちょっと肌寒くなってきた時期にちょうどいい一品です。

材料(作りやすい分量)

- 新しょうが……1kg
- 砂糖……300g
- しょうゆ……180cc

作り方

1. 新しょうがの皮を割り箸などを使って、こそげとる。
2. ①を1~2㎜の薄切りにし、鍋の中に広げる。新しょうがの上をおおうように砂糖を入れる。
3. ②を一昼夜そのまま置いておく。
4. ③にしょうゆを入れ、弱火で煮る。
5. 新しょうががあめ色になるまで、混ぜながら煮つめたら完成。

- 薄切りにしてから水にさらすと、しょうが特有のえぐみを抜くことができますが、長時間さらすと栄養成分も抜けてしまうので注意してください。

海老いもの揚げだし

海老いもは揚げることで外はカリッと、中はホクホクとした食感に。味つけをシンプルにすることで海老いも本来の甘さを感じることができます。薬味によって、味の変化を楽しんでください。

材料(4人分)

- 海老いも……5個
- 片栗粉……90g
- 薄口しょうゆ……大さじ2
- だし汁……800cc

Ⓐ
和風顆粒だしの素……10g
みりん……大さじ2
薄口しょうゆ……大さじ2
水……800cc

Ⓑ
ねぎ、大根おろし、おろししょうが、焼き海苔……お好みで適量

- 揚げ油……適量

作り方

1. 海老いもは水洗いし、泥を落とす。両端を切って皮を厚めにむき、米のとぎ汁もしくは米を入れた水(分量外)でゆで、アク抜きする。
2. 別の鍋にだし汁と①の海老いもを入れて火にかける。沸騰したら火を弱め、薄口しょうゆを加える。
3. ②から海老いもを引きあげて片栗粉をまぶし、油で揚げる。
4. Ⓐを鍋に入れ、あたためる。
5. ③を器に盛り、④をかける。
6. お好みでⒷのような薬味を添えて、完成。

万願寺甘とう味噌

肉厚で種が少なく辛みのない万願寺甘とう。焼いたり、煮たりして食べますが、米麹を合わせて味噌状に作ればいろいろな食材に合う名脇役に。田楽やこんにゃく、きゅうり、豆腐などにのせたり、お酒のお供にそのままつまんでも美味。子どもがいる家庭ならざらめを少し多めにしてもいいでしょう。

材料(作りやすい分量)

- 万願寺甘とう……1kg
- 米麹……250g
- しょうゆ……500cc
- ざらめ……250g

作り方

1. 万願寺甘とうのヘタだけをとり、5mm程度の輪切りにする(種も入れる)。
2. 鍋に材料をすべて入れ、火にかける。
3. 焦げないように、30分ほど混ぜながら煮つめたら、完成。

綾部市は丹波山地、上林川《かんばやし》、由良川といった豊かな自然に彩られた場所。そこここに、穏やかな里山の風景が広がっています。800年以上の歴史があるといわれる黒谷和紙や香り豊かな綾部茶、栃の実を使ったおもちゃおかき、そして旨味たっぷりのお米と、自然の恵みを使った特産品が揃います。この雰囲気を体験できる農家民宿の人気も高まっているそうです。

　また、明治時代に「郡是製絲《ぐんぜせいし》」が創立されて製糸業が盛んになり、かつては「蚕都」と呼ばれたほど。繊維工業のまちとしても発展した歴史を持っています。

袋煮

油揚げを半分に切って袋のようにして、彩りのいい野菜と卵を詰めて作る袋煮。だしが具材にしみていて、口に入れるとやさしい風味がじゅわっと広がります。お弁当の彩りにもひと役かってくれる便利な一品です。お弁当のおかずとして入れるなら黄身が固まるまでしっかりと煮込んで。

材料（4個分）

- 油揚げ……1枚
- 卵……2個
- にんじん……1／3本
- さやいんげん……4〜5本
- だし汁（昆布、煮干し）…200cc

Ⓐ
薄口しょうゆ……大さじ1
酒……大さじ1
砂糖……小さじ2

作り方

1. にんじん、さやいんげんを細切りにする。
2. 油揚げを半分に切り、中を開いて袋状にし、卵を1個割り入れる。
3. ②の卵の上に①を入れて切り口を爪楊枝でとめ、きんちゃく状にする。
4. ③を鍋に並べ、かぶるくらいのだし汁とⒶを加えて、弱火で煮る。
5. 卵が煮えてかたくなったらとり出し、爪楊枝をはずして縦半分に切ったら完成。

酢ずいき（味噌入り）

「酢ずいき」は、ずいき料理の定番ですが、ここでは酢のほか、味噌やごまも入れてまろやかに。えぐみの少ない八《や》つ頭《がしら》の赤ずいきがおすすめです。やわらかく、水分が多いので乾煎りを。

材料（4人分）

- 赤ずいき……500g
- 味噌……50g
- 炒りごま……30g
- 砂糖……80g
- 酢……大さじ4、大さじ1

作り方

1. 赤ずいきを手で折り、3〜4cmほどの長さにする。
2. ①の皮をむく。
3. 鍋に②を入れて、から炒りする。ずいきに火を通し、水分を飛ばす。
4. ③がしんなりしてきたら酢大さじ4を入れる。
5. すり鉢で炒りごまをすり、さらに味噌を加えてする。しっかり混ざったら、砂糖、酢大さじ1を入れて混ぜ合わせる。
6. ④の水分をしぼってボウルに入れ、⑤とよく和えたら完成。

鯖の南蛮焼き

暑い季節にもさっぱり食べられて、夏の食卓に重宝する魚料理。夏の鯖は脂が少なめで、南蛮焼きとも相性がよいそうです。塩鯖を使うため、味つけは軽めに。野菜はしんなりとするまで炊いて味をしみ込ませておいて、魚と一緒にいただきましょう。

材料（4人分）

- 塩鯖……4切れ
- たまねぎ……小1／2個
- にんじん……1／3本
- ピーマン……1個
- 小麦粉……適量
- 片栗粉……適量
- 水……1カップ

Ⓐ
- 薄口しょうゆ……小さじ2
- 酢……小さじ1
- 砂糖……小さじ1

作り方

1. 小麦粉と片栗粉を1：1の割合で混ぜて塩鯖にまぶし、サラダ油（分量外）を多めにひいたフライパンで揚げ焼きにする。
2. たまねぎは薄切り、にんじん、ピーマンは細切りにして、水を入れた鍋に入れて炊く。
3. ②のにんじんがやわらかくなったら、Ⓐを加えて味つけする。
4. ①を器に盛りつけ、③をかけたら完成。

万願寺甘とうの煮物

綾部を含めた京都府北部で栽培されている万願寺甘とう。万願寺とうがらしより、苦みや辛みが少なく、子どもも食べやすいのが特徴です。この煮物はそのままいただいてもおいしいですが、ごはんにのせてだし汁をかけ、お茶漬けにするとまた違った味わいが楽しめます。

材料（4人分）

- 万願寺甘とう……200g
- ちりめんじゃこ……20g
- Ⓐ
  - みりん……大さじ2
  - 砂糖……大さじ1
  - 濃口しょうゆ……大さじ2
- ごま油……適量

作り方

1. 万願寺甘とうはヘタを取り、食べやすい大きさに切り、ごま油でしんなりするまで炒める。
2. ①にちりめんじゃこを加えて、Ⓐで味つけしたら完成。

里いもの白煮

中秋の名月は秋の収穫を祝って「芋名月」とも呼び、里いもを使った料理がよく登場します。収穫したての里いもはきれいな白色。薄口しょうゆで味つけし、見た目のよさを活かして。貯蔵しておき、冬に煮物などに入れていただくことも多いそうです。

材料（4人分）

- 里いも……500g（約10個）
- おろしたゆず皮……少々

Ⓐ
- だし汁……2カップ
- 砂糖……大さじ2と1／2
- 塩……小さじ1／2
- 薄口しょうゆ……大さじ1

作り方

1. 里いもは洗って水けを拭き、皮の上下を落とす。包丁ですじをつけてむきやすくしてから、皮をむく。
2. ①に多めの塩（分量外）をふり、もんでぬめりを出してから、水洗いする。
3. 鍋に里いもを入れ、かぶる程度の水に少量の塩（ともに分量外）を加えてゆでる。ゆであがったらザルにとり、サッとぬめりを洗い流す。
4. Ⓐを鍋に入れて火にかけてあたためたら、③を入れる。
5. ④に紙蓋をし、煮立つまでは強火、そのあとは弱火で5分煮る。
6. 火を止め、そのまま冷まして味をしみ込ませ、食べるときにあたためる。器に盛っておろしたゆず皮をかけたら完成。

- 里いもは芯まで冷めると身が割れてしまうため、④では煮汁があたたまってから入れるようにしましょう。

栗おこわ

法事など、親戚が集まるときによく作られ、栗おこわをいただきながら、故人との思い出話に花を咲かせるのだそうです。黒豆の旬の時期には、小豆の代わりに入れることも。クチナシの実を割り、茶袋に入れて栗と一緒にゆがくと、栗の黄色がよりいっそう引き立ち、鮮やかな見栄えになります。

材料(4人分)

- もち米……3カップ(450g)
- 小豆……1/3カップ(生50g)
- 栗……中20個
- 炒りごま……適量

Ⓐ
酒……大さじ3
砂糖……大さじ1
しょうゆ……少々
塩……小さじ1

下準備(前日)

1. 小豆は皮が破れないようにかために煮て、ザルにあげて水けを切る。このとき、煮汁は②で使うのでとっておく。
2. もち米は洗い、①の煮汁を加えた水に一晩(8~10時間)つける。

作り方(当日)

3. 栗は鬼皮、渋皮をとり、すぐ水につけ、水を替えながらさらす。濁らなくなったらサッとゆでる。
4. 蒸す1時間前に、②のもち米の水を切っておく。
5. 蒸し器にぬれた蒸し布を敷き、④を30分間蒸す。
6. ⑤からもち米を蒸し布のまま取り出し、①の小豆、③の栗を混ぜ合わせる。
7. ⑥を蒸し器で10分間蒸し、桶などにとり出す。仕上げにあらかじめ混ぜて、砂糖や塩を溶かしておいたⒶをふりかけてよく混ぜ合わせ、器に盛って、炒りごまをふったら完成。

- クチナシの実を入れる場合は、③でゆがくときにクチナシの実(1~2個)を茶袋に割り入れ、10分ほど栗と一緒にゆがいてください。

京都府北部にある舞鶴市は、舞鶴湾に面した海のまち。高台に上ると、美しいリアス式海岸が一望でき、ここが天然の良港であることがわかります。鰆、とり貝、カニなど、季節によって豊かな海産物が水揚げされ、漁業に携わる人も多く、家庭でも魚料理はお手のもの。新鮮な魚介類が、家庭ごとのアレンジで食卓に並ぶのはうらやましい限りです。また、山も近く、猟師もおられたとか。農業も盛んで、由良川下流で栽培される落花生も特産品の一つ。海の幸、山の幸、両方が彩る豊かな食文化が、今も息づいています。

京《きょう》田《だ》ごはん

舞鶴市の京田地域で昭和初期、猟師が山でとった山鳥などで作ったのが始まりとされます。具の量を増やすために炒った豆腐を加えたとか。戦後は、山鳥ではなく鶏肉で作るようになりました。余ったごはんは、おにぎりにしてもおいしくいただけます。

材料（4人分）

- 米……2合
- 鶏もも肉……100g
- 木綿豆腐……1丁
- にんじん……1／2本
- ごぼう……7cm
- 干ししいたけ……2枚
- 干ししいたけの戻し汁……適量

Ⓐ
- しょうゆ……大さじ1強
- 塩……少々
- 酒……小さじ2

作り方

1. 木綿豆腐はザルで水けを切り、米は洗っておく。
2. 干ししいたけは水で戻しておく。戻し汁はあとで使うため、とっておく。
3. 鶏もも肉は小さめのひと口大に切って、ボウルにⒶと一緒に入れ、30分ほど置いて下味をつける。
4. ②の干ししいたけとにんじんは細切りに、ごぼうはささがきにする。
5. 鍋を熱し、①の豆腐をポロポロになるまでよく炒る。出た水分は捨ててしっかり炒りつける。
6. 別の鍋に、③、④、⑤を入れ、ひたひたになるくらいに②の干ししいたけの戻し汁を加える。足りなければ水を加える。
7. ⑥を中火で15分ほど煮る。具がやわらかくなったら具と煮汁に分ける。
8. 米を炊飯器に入れ、⑦の煮汁を入れる。目盛りの分量まで足りなければ水を入れ、炊く。
9. 炊飯器のスイッチが切れる2～3分前に⑦の具を加える。炊きあがれば完成。

鯖の味噌煮
～舞鶴産わかめ添え～

日本海に面した舞鶴では、鯖の味噌煮に湯通ししたわかめを添えることもあります。シャキシャキとした食感のわかめと、やわらかな鯖の対比が楽しめます。自家製味噌を使っている家庭も多いので、家ごとに少しずつ違った味わいになります。

材料（4人分）

- 鯖（1切れ70～80g）……4切れ
- 土しょうが……2かけ
- 長ねぎ……1本
- 生わかめ……20g
（乾燥わかめの場合、約3g）
- 味噌……大さじ2

Ⓐ
酒……大さじ2
砂糖……大さじ2
しょうゆ……小さじ2
水……300cc

作り方

1. 鯖の皮に切り目を入れる。
2. 土しょうがは皮をむいて薄切りにする。長ねぎは4cm長さに切る。
3. フライパンにⒶ、①（皮目を上にして）、②を入れ中火にかける。
4. 煮立ってから味噌を加えて落とし蓋をする。中火にして約15分煮る。
5. 火を止めて、しばらく置く。
6. 器に盛りつけ、煮汁もかける。横に湯通ししたわかめを添えて完成。

たこごはん

たこの風味をごはんと一緒にいただく漁師飯です。程よい弾力があって、食感が楽しいたこはあえてぶつ切りに。たこを入れて炊飯器で炊くと、できあがったときごはんが赤くなってしまうため、炊きあがってから入れるほうが見た目が良いとのことです。

材料（4人分）

- 米……2合
- ゆでたたこ……150g

Ⓐ
- 薄口しょうゆ……大さじ2
- 酒……大さじ2
- みりん……大さじ2
- 塩……小さじ1／4

作り方

1. 米は洗ってザルにあげておく。
2. ゆでたたこはひと口大くらいのぶつ切りにする。
3. 米とⒶを炊飯器に入れ、目盛りに合わせて水を入れ、炊く。
4. 米が炊きあがったら炊飯器にたこを入れて蒸らし、ざっくりと混ぜて完成。

田作りピーナッツ

舞鶴を流れる由良川の下流域は砂地が多く、落花生の栽培が盛ん。秋に収穫されたものが12月頃に店頭に並びます。そんな舞鶴特産の落花生とごまめをあえた田作りは、食べ始めるとついつい手が伸びる一品。ごはんのお供やお酒のあてになるほか、味つけを甘めにすればお子様のおやつにもなります。

材料（8人分）

- ごまめ……50g
- ピーナッツ（殻をとった落花生）……30g
- サラダ油……小さじ1／8

Ⓐ
砂糖……小さじ1
みりん……小さじ1
酒……小さじ2
しょうゆ……小さじ1／2

作り方

1. 平らな皿にキッチンペーパーを敷いて、ごまめを並べる。
2. ①を電子レンジ（500W）で2分加熱する。手で折れるくらいになるまで、20〜30秒ずつ様子を見ながらさらに加熱していく。
3. 弱火にかけたフライパンでピーナッツを1〜2分から炒りして、ナイロン袋に入れてめん棒で粗く砕く。
4. フライパンにⒶを入れ、弱火〜中火で加熱する。
5. プクプクと小さな泡ができてきたら、サラダ油、②、③を加えて手早く混ぜる。
6. できるだけ重ならないように皿の上に広げて、冷めたら完成。

- ごまめはフライパンで炒ることもできますが、電子レンジを使うのも手軽な方法です。

ぶりの照り焼き

丹後の海で雪が降る頃にとれるぶりは、身が引き締まり、脂がのっています。漁師の家では、お正月にぶり一匹を捌き、刺身でいただいたり、照り焼きにして食べたりするそうです。照り焼きに大根おろしを添えて、さっぱりと味わうのは、脂がのった旬のぶりだからこそ。

材料（4人分）

- ぶり……4切れ
- 大根おろし……100g
- 酒……小さじ2
- サラダ油……小さじ2

Ⓐ
砂糖……大さじ2
みりん……小さじ2
しょうゆ……大さじ2
酒……大さじ1と1／3

作り方

1. ぶりは両面に酒をふって10分ほど置いてから、表面の水分をキッチンペーパーで拭きとる。
2. フライパンにサラダ油をひいて、ぶりを中火で3～4分焼く。薄く焼き色がついたら返して、両面に焼き色をつける。
3. ぶりをとり出し、②のフライパンにⒶを入れる。
4. 煮立ってきたら、フライパンにぶりを戻し入れ、汁をからめながら焼いて照りを出す。
5. 水けを切った大根おろしを、こんもりとぶりの横に添えて器に盛りつければ完成。

- フライパンでぶりを焼くときに、クッキングシートを敷くと、フライパンが焦げつかずにやりやすくなります。

鰆のトマトチーズ焼き

京都府沿岸の定置網漁でとれた1・5kg以上の鰆は「京鰆」と呼ばれます。このレシピは脂がのって、旨味が詰まった鰆を子どもにも食べられるようにと洋風に仕上げた一品。チーズのコクとトマトの酸味が鰆とよく合います。

材料(4人分)

- 鰆……4切れ
- トマト……1個
- キャベツ……200g
- とろけるスライスチーズ……4枚
- 小麦粉……少々
- 塩・こしょう……各少々
- サラダ油……大さじ2

作り方

1. 鰆に塩・こしょうをふり、小麦粉をまぶし、余分な粉は落としておく。
2. トマトは1cmくらいの輪切りに、キャベツはせん切りにしておく。
3. フライパンにサラダ油をひいて熱し、①を皮目を下にして中火で焼く。
4. 焼き色がついたら裏返し、鰆の上に②のトマト、とろけるチーズの順にのせる。
5. 蓋をして蒸し焼きにし、チーズがとろりと溶けてきたら器に盛り、せん切りキャベツを添えれば完成。

- チーズが溶けてくるので、フライパンに鰆を並べるときは、間隔をあけるようにしましょう。

舞鶴なます

大根とにんじんで作るなますは、舞鶴では豆腐やごまを加え、味噌で味つけ。白和えのようにクリーミーに仕上げるのが特徴です。お正月や冠婚葬祭といった、人が多く集まるときによく食べられていて、お酒のあてにもぴったりだとか。

材料(4人分)

- 木綿豆腐……1／2丁
- にんじん……1／3本
- 大根……6cm
- 炒りごま……小さじ2
- 塩……少々
- 味噌……小さじ1と1／3
- 砂糖……大さじ2
- 酢……大さじ2

作り方

1. 木綿豆腐は水切りしておく。
2. にんじんと大根は細切りにして、塩をまぶす。
3. 炒りごまをすり鉢に入れ、すりこぎでする。
4. ③に味噌を加えてする。①を加えて、なめらかになるまで混ぜる。
5. ④に砂糖、酢を加えて混ぜ、しっかりと水けをしぼった②を入れ、混ぜ合わせたら完成。

- 木綿豆腐はしっかり水切りしましょう。

5章

丹後

—京丹後市—

京都府最北端、日本海に突き出た丹後半島の西側に位置し、兵庫県に隣接している京丹後市。カニ、かき、米、地酒、メロンやイチゴなど農産物と水産物に恵まれたエリアです。丹後天橋立大江山国定公園、山陰海岸国立公園に指定されている沿岸部の景色も見ごたえがありますが、内陸へ行くと、田園風景と山並みが美しい里山が広がっています。冬は雪が多く降り、家々には保存食の伝統も残っているのも豪雪地帯の京丹後ならでは。表面にシボと呼ばれる細かな凸凹がある丹後ちりめんの産地としても知られ、その歴史は300年にわたって受け継がれています。

丹後のばらずし

材料（4人分）

すし飯
・米……2合
Ⓐ 酢……70cc
　砂糖……大さじ5
　塩……小さじ1

すし飯に混ぜる具材
・かんぴょう……1本
・ごぼう……1／2本
・だし汁……150cc
Ⓑ しょうゆ……大さじ1
　砂糖……小さじ2

トッピング
・グリーンピース……20g
・紅しょうが……適量
・かまぼこ……適量

［しいたけ］
・干ししいたけ……3枚
・干ししいたけの戻し汁……120cc
Ⓒ 砂糖……大さじ1と1／2
　しょうゆ……大さじ1
　みりん……大さじ1

［おぼろ］
・鯖の味つけ缶……小1缶
・砂糖……大さじ2

［錦糸卵］
・卵……2個
・塩……少々

京丹後で祭りの日のごちそうといえばこのおすしが定番。「まつぶた」という浅い木箱に、美しく盛りつけられます。特徴は甘辛く炒りつけた鯖のおぼろがごはんにサンドされていること。昔は焼き鯖を使っていましたが、今は便利な缶詰を使っているそう。この缶詰が売られているのも、この地域ならではです。

作り方

［すし飯］

1. 炊いた米とⒶを混ぜ合わせ、すし飯を作る。
2. かんぴょうは水（分量外）で戻し、塩（分量外）でもみ、5㎜幅に切る。
3. ごぼうは小さめのささがきにする。
4. 鍋に②と③を入れ、だし汁で煮て、Ⓑで味つけする。
5. ④を①のすし飯に混ぜる。

［トッピング］

6. 干ししいたけは水で戻して、石づきを取り薄切りにする。
7. ⑥の干ししいたけの戻し汁にⒸを加えて煮る。
8. 鯖の味つけ缶は汁けを切ってから鍋に入れ、火にかけながらほぐしておぼろを作る。鍋に鯖の汁けが出てこなくなったら砂糖を加え、焦がさないように混ぜる。おぼろに少し水分が残ってしっとりしているぐらいで火を止め、バットにとり出す。
9. 卵と塩を合わせて薄焼き卵を作り、錦糸卵にする。
10. グリーンピースは塩ゆでする。紅しょうがは細切り、かまぼこは短冊切りにする。
11. まつぶた（なければ木桶）に盛りつける。薄くすし飯を広げ、おぼろを盛りつけ、再び、すし飯、おぼろと重ねていきミルフィーユのような層を作る。最後に錦糸卵、しいたけ、かまぼこ、グリーンピース、紅しょうがの順に飾りつけて完成。

千本ずいきのごま酢和え

さまざまな種類があるずいきの中でも、「千本ずいき」は、細くてやわらかいのが特徴。酢を加えると鮮やかな赤い色に変わり、彩りのよい一品になります。皮をむき、アク抜きをしっかりとしておくのがおいしくいただくポイントです。

材料（4人分）

- 千本ずいきまたは赤ずいき……500g（3〜4本）
- ごま（半ずりにしておく）……大さじ2
- 塩……小さじ1

Ⓐ
砂糖……大さじ3
しょうゆ……大さじ1と1／2
酢……大さじ3〜5

作り方

1. 千本ずいきは皮をむき、長さ4cmくらいに切る。太いものは四つ割りにするなどして、全体の太さをそろえる。
2. ①を10分以上水にさらし、アク抜きをする。
3. 強火で熱した鍋に、水けを切った②を入れて塩をふり、短時間でから炒りする。
4. ずいきがしんなりとしたら、火からおろし、鍋に出た余分な水分を捨てる。
5. ボウルに、ごまとⒶを混ぜ合わせる。
6. ⑤に④を入れて和え、そのまま冷めるまで置く。味がなじんだら完成。器に盛り、すりごま（分量外）をふる。

ずいきごはん

乾燥させた干しずいきは保存食で、冬の献立に多く登場します。京丹後では秋になると、軒下にはずいきが干してある光景がよく見られたとか。干したずいきは栄養が凝縮されており、出産後に食べると産後の肥立ちがよいと伝えられていたそうです。

材料（4人分）

- 米……2合
- 薄揚げ……1枚
- 干しずいき……5g（3〜4本）
- にんじん……中1／4本
- 干ししいたけ……1枚
- だし汁……50cc
- しょうゆ……大さじ2

作り方

1. 米をとぎ、炊き始める。
2. 2cm長さに切った干しずいきを水で戻し、さらにサッとゆがく。
3. 水で戻した干ししいたけ、にんじん、薄揚げは2cm長さの細切りにする。
4. 鍋にだし汁と②と③を入れ、半量のしょうゆを加えて炊く。
5. ごはんが炊きあがる直前に、④と残りのしょうゆを入れる。
6. ごはんが炊きあがり、蒸らしたら完成。

京丹後市

根菜としいたけの煮物

もともとは収穫の少ない冬に、保存食として蓄えていた野菜を使った煮物。根菜、いも、こんにゃくなど食感の違う素材を一つにまとめるのは、優しいじゃこのだし汁。隠し味に砂糖を少し入れて煮ると、甘みが増してよりやわらかい味わいになります。

材料（4人分）

- 里いも……6個
- ごぼう……1本
- にんじん……1本
- こんにゃく……1枚
- ぎんなん……12粒
- 干ししいたけ……8枚
- だし汁（じゃこ）……4カップ

Ⓐ
砂糖……大さじ2
みりん……大さじ3
酒……大さじ3
しょうゆ……大さじ2

作り方

1. 干ししいたけは水につけて戻し、軸を落とす。
2. 里いもは皮をむいて大きいものは横半分に切る。塩少々（分量外）をつけてもみ、ぬめりを取って水洗いする。
3. ごぼうは斜め切りにして水にさらす。
4. にんじんは1cmの厚さに切る。
5. こんにゃくはひと口大にちぎって、下ゆでする。
6. ぎんなんは殻を割って中身をとり出す。ひたひたの熱湯でゆでながら、おたまの背などでこすり、薄皮をむく。
7. 鍋にだし汁と①～⑤を入れ、強火にかけて煮立ったら中火にする。
8. ⑦にⒶを加え、20分ほど煮る。
9. 器に盛りつけ、⑥をちらしたら、完成。

ろくと汁（すいとん）

寒い日に体をあたためてくれる、野菜とお団子入りの汁物。小麦粉に水を加えてのり状にしたものを汁に落としたり、もち米のくず米を挽いて団子にして入れたり。お米を大切していたことから、少しの量でも食べ応えがあるように工夫されています。

材料（4人分）

- 油揚げ……1／2枚
- 大根……5cm
- にんじん……小1本
- 長ねぎ……1本
- 小麦粉……150g
- だし汁……480cc
- 水……120cc

Ⓐ
しょうゆ……大さじ1と1／2
みりん……大さじ1
塩……少々

作り方

1. 油揚げは熱湯をかけて、油抜きをする。
2. 大根はいちょう切りまたは半月切り、にんじんは輪切りで薄切りにする。長ねぎは、斜め切りにする。油揚げは5mm幅の細切りにする。
3. 小麦粉に水を加えて、よく混ぜ合わせる。
4. 鍋にだし汁を入れ、大根とにんじんを強火で5～6分煮る。
5. ④に油揚げ、Ⓐを加え、中火で煮る。
6. ⑤が煮立ったところに、③をスプーンで少しずつすくって入れる。
7. ⑥が浮いてきたら長ねぎを加えて完成。

おもちのみぞれかけ

京丹後のどの農家にも、かつては臼《うす》と杵《きね》があり、家族総出でもちつきをしていたそう。そんなつきたてのもちの味を存分に楽しめると、皆が喜ぶ献立です。市販の切りもちを使えば手軽に作ることができます。大根おろしは汁けを多めにかけてもおいしいですよ。

材料(4人分)

- 切りもち……8個
- 大根……1／3本くらい
- 青ねぎ……2本
- かつお節……適量
- 刻み海苔……適量
- しょうゆ……適量

作り方

1. 大根はすりおろして、水分を軽く切る。ねぎは小口切りにする。
2. 鍋に湯を沸かし、切りもちをゆでてやわらかくしてから器に盛りつけ、①、かつお節、刻み海苔をのせる。
3. お好みの量のしょうゆをかけたら完成。

さともち

里帰りしたお嫁さんの手土産に、お母さんが持たせたことから「さともち」と呼ばれるのだとか。杵つきのもちは、合いの手を入れる際の手水が入るぶんやわらかめ。レシピで片栗粉を溶いた液を加えるのは、もちつき機で作ったもちを次の日にもやわらかく保つための生活の知恵です。

材料（作りやすい分量）

- もち米……1升（約1・5kg）
- 小豆……8合（約1・2kg）
  ※ともに一晩、水につけておく
- 片栗粉……大さじ2
- 塩……少々
- 砂糖……700g
- 熱湯……200cc

作り方

1. 小豆を一晩水につけておく。翌日、たっぷり浸るぐらいの水と一緒に鍋に入れて火にかけ、一度沸騰させる。沸騰したらゆで汁を捨てて、再びたっぷりの水を入れて火にかけて、今度はやわらかくなるまで煮る。
2. ボウルにザルを重ねて、①の小豆を煮汁ごと入れ、水を注ぎながらすりこぎで小豆をつぶす。ボウルに出たあんを布袋などでこして水分をとり、鍋に入れる。鍋に砂糖と塩を加えて、弱火で熱しながら練り上げ、こしあんを作る。
3. もち米をもちつき機にセットし、もちをつく。
4. 片栗粉を少量の水（分量外）で溶いてから熱湯を加えて、ダマができないように手早く混ぜる。
5. つきあがったもちに④を混ぜ、さらに少しついて、やわらかなもちにする。
6. ⑤をひと口大に丸め、全体に②をまぶしたら、完成。

- 手軽に市販の切りもちで作ってもよい。その場合、切りもちを半分に切ってやわらかくゆで、水けを取ったものに、こしあんをまぶす。

きゅうりもみ

たっぷりのごまと酢の酸味が効いたさわやかな味わいで、食べ始めると止まらなくなります。食欲の出ない夏場でも、塩分やミネラルを手軽に摂れて栄養補給にぴったり。昔は、京丹後の農家の軒先にはごまを干してあったというほど、ごまは身近な食材です。ひんやり冷やしてどうぞ。

材料（4人分）

- きゅうり……2本
- 炒りごま……大さじ5
- 塩……適量

Ⓐ
砂糖……大さじ2
酢……大さじ2
味噌……小さじ1／2

作り方

1. きゅうりを薄い輪切りにし、塩をふって軽くもみ、しんなりさせる。
2. 炒りごまをすり鉢でよくすり、Ⓐと合わせておく。
3. 水けを切った①を②に加えて和える。しばらく置いて、味をなじませたら完成。

- 塩でもんだきゅうりの水切りはしっかりと。水っぽいままだと、味がぼやけてしまいます。

いりごきごはん

いりごきは「炒りつける」という意味。熱々のごはんに具を混ぜるときの、しょうゆの香りがたまりません。炊き込みごはんとは違い、ごはんが白いままのところとしょうゆがしみたところがあるのが、いいのだそう。おかずなしでも、食が進みます。

材料(4人分)

- 米……2合
- 油揚げ……1枚
- 大根……4cm
- にんじん……1/4本
- しょうゆ……大さじ1

Ⓐ
だし汁……50cc
みりん……小さじ1
しょうゆ……大さじ1

- サラダ油……小さじ1

作り方

1. 米を洗い、白米を炊くときと同量の水を加えて1時間ほど吸水させる。
2. 大根、にんじん、油揚げはすべてせん切りにする。
3. 中火で熱したフライパンにサラダ油をひき、②を炒める。野菜がしんなりとしたらⒶを加えて、汁けがなくなるまで煮る。
4. ごはんを炊き、炊きあがる直前(2~3分前)に蓋を開け、しょうゆと③をごはんの上に散らすようにして加える。蓋を閉め、ごはんが炊きあがったら完成。

- ちりめんじゃこや刻んだちくわなどを入れても合います。あまり時間がたたないうちがおいしいので、食べる分だけ作りましょう。

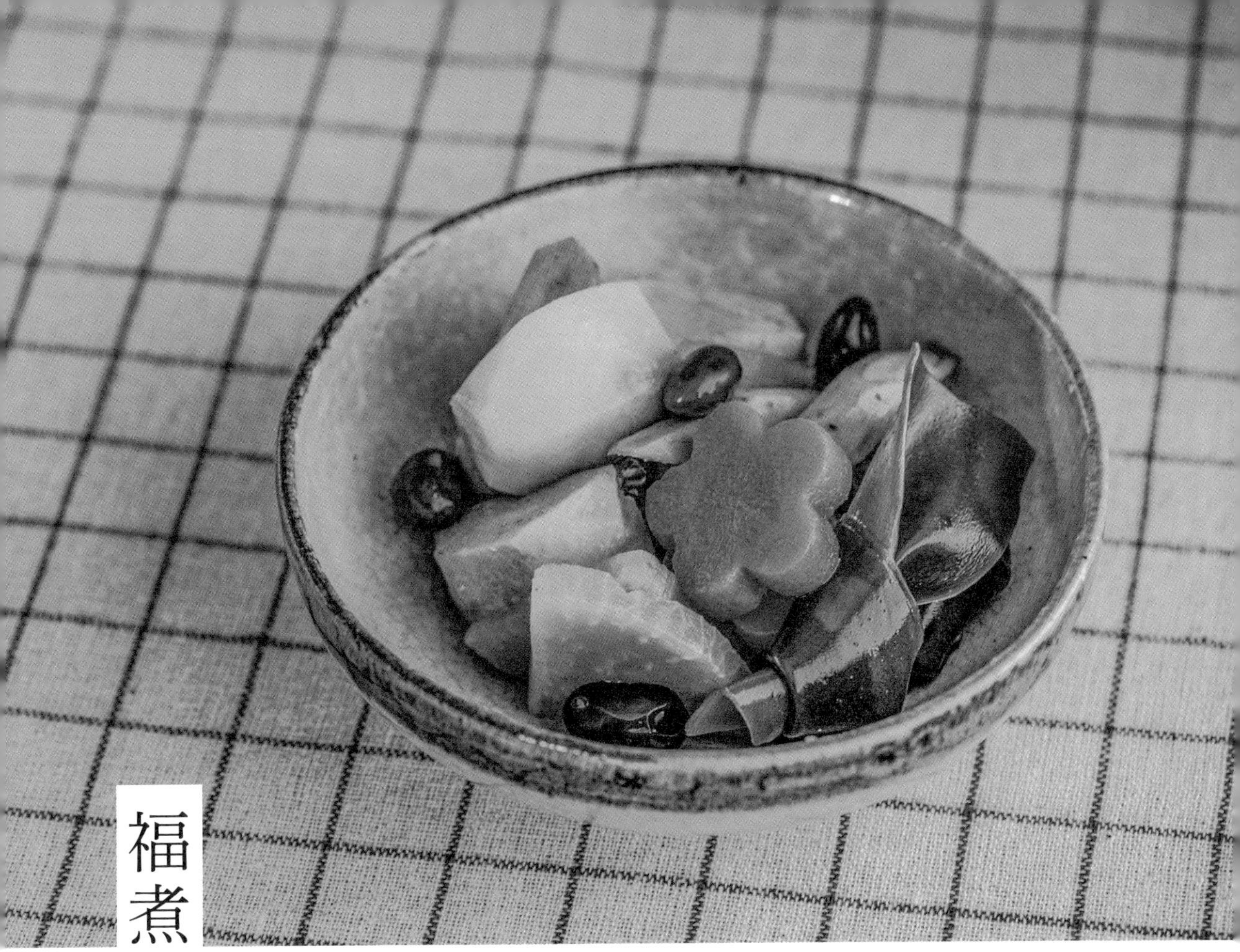

福煮

年の暮れに作り、大晦日からお正月の三が日に食べる精進料理。「福煮」の名の通り、縁起がよいとされる7種類の具材（里いも、大根、にんじん、ごぼう、結び昆布、こんにゃく、黒豆もしくは白豆）を炊いたものです。

材料（4人分）

- 黒豆……10g
- 大根……4cm
- にんじん……1／2本
- 里いも……4個
- ごぼう……1／2本
- 昆布……10cm
- こんにゃく……1／2本

Ⓐ
だし汁……150cc
みりん……大さじ1
しょうゆ……大さじ1
塩……少々

作り方

1. 黒豆は一晩水につけ、ゆでておく。黒豆煮を利用してもよい。
2. 大根はいちょう切りにしてやわらかくゆでておく。にんじんは飾り切り（型抜き）する。
3. 里いもは皮をむき、半分に切る。
4. ごぼうは皮をこそげ落とし、斜め切りにする。
5. 昆布は水につけてやわらかくする。ほどよいやわらかさになったら、結び昆布にする。
6. こんにゃくは下ゆでしてねじりこんにゃくにする。
7. ①～⑥とⒶを鍋に入れ、弱火で15分ほど煮含める。具材に味がしみ込んだら、完成。

京丹後市

新しょうがの炊いたん

9月の半ばごろから出回る新しょうが。すりおろして薬味にするのはもちろんのこと、梅酢や甘酢、焼酎に漬けたりして、各家庭で工夫して楽しみます。薄切りにして炊くと、辛みと食感がクセになるおかずに。調理中、何ともいい香りがしてきますよ。

材料（4人分）

- 新しょうが……300g
- 昆布（細切り）……20g
- だし汁……1カップ

Ⓐ
しょうゆ……大さじ3
砂糖……大さじ3
酒……大さじ3
みりん……大さじ3

作り方

1. 新しょうがは薄切りにし、20分ほど水にさらす。
2. 鍋に湯（分量外）をたっぷり沸かし、①を入れる。再び沸騰してから5分たったら、ザルに上げ、水けをよく切る。
3. 鍋にだし汁と昆布を入れて中火にかける。沸騰したら②とⒶを加えて、少し火を弱めて煮る。昆布がやわらかくなったら完成。

あと1品

京丹後のけんちゃん

秋から冬、寒くなってきた頃に食べられる料理。体があたたまるようにと、収穫した野菜のほか、豆腐も油で炒めて炊いています。見た目や作り方は「けんちん汁」のようですが、京丹後の「けんちゃん」は、「汁」ではなくて「煮物」。具材からおだしも出て、素朴ながら深い味わいなのもうれしいポイント。

材料(4人分)

- 木綿豆腐……150g
- 大根……6cm
- にんじん……1/2本
- 里いも……2個
- こんにゃく……1/3枚

Ⓐ
だし汁……1カップ
みりん……大さじ1
しょうゆ……大さじ2
塩……少々

- サラダ油……大さじ1

作り方

1. 大根、にんじん、里いもは皮をむき、大根はいちょう切り、にんじんと里いもは半月切り、こんにゃくは7mmの短冊切りにする。
2. 木綿豆腐を水切りして、鍋にサラダ油を入れて炒める。
3. さらに①の材料を加えて炒める。
4. Ⓐを加え、弱火で煮込み、味がしみ込んだら完成。

- ちくわや油揚げを入れてもおいしくいただけます。

カテゴリ別索引（五十音順）

主菜

副菜

ごはんのおとも

ご協力いただいた方（五十音順）

京都市右京区西院（P10~23）

門田喜久子さん／小西薫さん
渡部由紀子さん／藤井かよさん

京都市右京区京北（P25~29）

荒田義枝さん／一瀬裕子さん
梶谷多江子さん／木下惠子さん
小西佐和子さん／中川富子さん
西尾さち枝さん／羽賀田恵津子さん
村上恵子さん／山田美雪さん
（以上、京都府林業研究グループ連絡協議会女性部　樹々の会）

京都市右京区太秦・高雄（P32~45）

兼松千鶴子さん／中司弘子さん
藤谷道子さん／穂積万紀子さん

京都市北区（P48~56）

水澤悦子さん
（京都市生活研究グループ連絡協議会）

宇治市（P60~73）

箱崎香恵子さん
（魅セル和文化 富多葉会）

京田辺市・綴喜郡（P76~88）

奥田智代さん／加藤雅美さん
小山和美さん／里西恵さん
菱本充子さん／森村康子さん
（以上、綴喜地方生活研究グループ連絡協議会）

亀岡市（P92~104）

仲野敬子さん／村岡絹代さん

福知山市（P108~119）

足立悦子さん／石原由子さん
井上まち子さん／衣川千代子さん
衣川敏子さん／東山ゑい子さん
檜木靖子さん／平田照子さん
森井小夜子さん／和田一榮さん
（以上、福知山市生活研究グループ連絡協議会）

綾部市（P122~129）

大島和代さん／久馬真澄さん
藤原明子さん／森本和代さん
和久眞佐代さん
（以上、綾部市生活研究グループ連絡協議会）

舞鶴市（P132~140）

川口洋視子さん／寄山藤江さん
富永やす枝さん／林田智子さん
吉田美和子さん
（以上、舞鶴市食生活改善推進員協議会）

京丹後市（P144~157）

小池美鈴さん／矢野鈴枝さん
由村愛子さん
（以上、京丹後塾）

掲載されたレシピのほかにも、郷土料理について教えていただいたり、調理場所をお貸しいただいたりと、本書の制作にあたり、たくさんの方にご協力いただきました。心より御礼申し上げます。

京都《きょうと》のおばあちゃんたちに聞《き》いた
100年後《ねんご》にも残《のこ》したいふるさとレシピ100

2022年 8 月20日　第1刷発行
2022年10月15日　第2刷発行

編著　大和書房編集部《だいわしょぼうへんしゅうぶ》
発行者　佐藤 靖
発行所　大和書房《だいわ》
東京都文京区関口1-33-4
電話 03-3203-4511

校正　木野陽子
本文印刷　萩原印刷
カバー印刷　歩プロセス
製本　ナショナル製本

参考文献

『ふるさとの文化遺産郷土資料事典 26　京都府』
1997 年　株式会社人文社
『京田辺大百科　歴史・風物篇』
2006 年　京田辺大百科編集委員会編
京田辺市観光協会

編集協力　瓜生朋美、小山美奈子（株式会社文と編集の杜）
執筆協力　市野亜由美、村岡亜紀子、三上由香利
ブックデザイン　宮下ヨシヲ（SIPHON GRAPHICA）
題字切り絵　秋山早苗
撮影　山﨑晃治、瓜生朋美

ISBN978-4-479-92159-2

乱丁本・落丁本はお取り替えいたします
https://www.daiwashobo.co.jp